GESTÃO DA QUALIDADE NA SAÚDE

UMA REVOLUÇÃO DE E PARA TODOS

INSTITUTO QUALISA
DE GESTÃO - IQG

Produção Editorial
AGÊNCIA ESSENSE

Direção Editorial
SAIDUL RAHMAN MAHOMED
Editor@qualitymark.com.br

Gestão Editorial/Texto
SILVIA PALLADINO
ANGELINA SINATO

Capa e Editoração
RODRIGO BARBOZA

Arte da Gravura
ADOBE STOCK

Dados Internacionais de Catalogação na Publicação (CIP)
(Câmara Brasileira do Livro, SP, Brasil)

Gestão da qualidade na saúde : uma revolução de e para todos / organização Instituto Qualisa de Gestão - IQG. -- 1. ed. -- Rio de Janeiro : Qualitymark Editora, 2024.

Bibliografia.
ISBN 978-85-414-0441-9

1. Gestão da qualidade 2. Saúde 3. Serviços de saúde - Administração - Brasil 4. Serviços de saúde - Controle I. Instituto Qualisa de Gestão.

24-201326 CDD-362.1068

Índices para catálogo sistemático:

1. Serviços de saúde : Qualidade : Administração : Bem-estar social 362.1068

Aline Graziele Benitez - Bibliotecária - CRB-1/3129

2024
IMPRESSO NO BRASIL

Qualitimark Editora Ltda.
Rua Carlos Machado, 155 / Sala 207 - Polo Cine e Video - Jacarepaguá
CEP: 22775-042 - Rio de Janeiro - RJ

www.qualitymark.com.br
E-mail: sac@qualitymark.com.br
Tels.: (21) 3597-9055 / 3597-9056
WhatsApp - 21 981989843

GESTÃO DA QUALIDADE NA SAÚDE

UMA REVOLUÇÃO DE E PARA TODOS

INSTITUTO QUALISA
DE GESTÃO - IQG

QUALITYMARK

AGRADECIMENTOS

Desejo agradecer aos profissionais que foram entrevistados e que se dispuseram a contar uma parte da história da qualidade no sistema de saúde brasileiro.

Também quero agradecer à equipe de profissionais do IQG, que além de terem participado ativamente dessa história, ajudaram, nesta edição, a dar foco àquilo que era realmente importante.

PREFÁCIO

Por Denilde Holzhacker

No nosso cotidiano, a preocupação com a saúde individual, de familiares e de conhecidos está sempre presente. Em algum momento, necessitaremos do acompanhamento médico ou de atendimento emergencial. Durante a pandemia do Coronavírus, a qualidade do sistema de saúde foi posta à prova para atender à crise sanitária que se instaurou globalmente. Os profissionais de saúde foram considerados heróis em todas as sociedades, e a atenção se voltou ainda mais para os protocolos e processos médicos. Nesse contexto, a gestão da qualidade na saúde destacou-se como um dos pilares fundamentais para a evolução e a sustentabilidade dos sistemas de saúde ao redor do mundo e, especialmente, no Brasil.

O livro *Gestão da Qualidade na Saúde: uma Revolução de e para Todos* emerge como uma obra que reflete sobre as transformações, os desafios e as perspectivas que cercam a qualidade nos serviços de saúde no Brasil, especialmente sob a ótica do Sistema Único de Saúde (SUS). Ao longo da leitura, compreendemos o quanto a gestão da qualidade na saúde tornou-se um campo de conhecimento e prática indispensável para assegurar a eficácia, segurança e humanização no cuidado aos pacientes. A obra mergulha em relatos que ressaltam a urgência de uma gestão de saúde focada nas evidências e na qualidade, revelando histórias de luta, superação e, sobretudo, de comprometimento com a melhoria contínua.

A partir de uma abordagem que entrelaça teoria e prática, *Gestão da Qualidade na Saúde: uma Revolução de e para Todos* propõe uma reflexão profunda sobre os paradigmas que norteiam o setor de saúde no Brasil. A narrativa é construída com base em experiências reais, desafios enfrentados e sucessos alcançados, ilustrando como a qualidade transcende a mera conformidade com normas e se estabelece como um elemento transformador na vida de pacientes, profissionais e na estrutura dos sistemas de saúde.

A obra é dividida em capítulos que abordam diferentes aspectos da gestão da qualidade na saúde, desde a perspectiva histórica até os desafios contemporâneos. No primeiro capítulo, *Um Assunto Amplo e Irrestrito: Por Que Qualidade* é um *Assunto de Todos?*, discute-se o conceito de gestão da qualidade e sua relevância para a sociedade, desde os cuidados básicos até o atendimento de maior complexidade. O segundo capítulo, *Como a Qualidade Invadiu a Saúde - E Por Que Foi Preciso Isso Acontecer*, apresenta a evolução histórica da prática da qualidade no sistema de saúde no Brasil, desde a criação dos primeiros programas até as propostas de reorganização do sistema de qualidade no pós-democratização do país.

O terceiro capítulo, *Qualidade como Pilar do SUS: Ideia que Ficou no Papel*, aborda os desafios para a implantação do Sistema Único de Saúde, especialmente os desafios colocados para os gestores em uma lógica de assistência ainda precarizada e de dificuldades de acesso. O quarto capítulo, *O Resgate da Origem: Qualidade enquanto Modelo de Gestão*, discute o que define os princípios da acreditação e como ela se aplica no sistema brasileiro.

No capítulo Os *Desafios da Governança Clínica*, o foco é compreender como o sistema do Reino Unido tornou-se uma referência global para a aplicação de processos e procedimentos que garantem a qualidade no atendimento na saúde, questionando como esse modelo influencia países como o Brasil. Na sequência, é abordado o papel da tecnologia na gestão da qualidade em saúde, destacando ferramentas como o Registro Eletrônico em Saúde (RES) e o DataSUS, que ampliam a eficácia e o acesso aos serviços de saúde, mas ainda precisam ser mais amplamente difundidas.

A formulação de políticas públicas é discutida no sétimo capítulo, *Políticas Públicas: Articulação entre os Serviços*. Nesse capítulo, compreende-se como políticas públicas integradas e baseadas em evidências científicas são essenciais para ampliar o atendimento de qualidade para toda a população, conforme prometido na Constituição de 1988. O capítulo examina o papel do governo e de outros órgãos reguladores na definição de padrões, na fiscalização e no incentivo às práticas de qualidade.

O capítulo *Além da Bolha: a Tradução* do *Conhecimento para Quem Importa* destaca a necessidade de capacitação contínua e desenvolvimento profissional para manter e elevar os padrões de qualidade na saúde, discutindo programas de treinamento, educação continuada e o papel da liderança no fomento ao desenvolvimento de competências. Os capítulos finais analisam os desafios e oportunidades futuras para a gestão da qualidade na saúde no Brasil, especulando sobre tendências emergentes e a evolução dos padrões de qualidade.

Ao longo dos capítulos, nota-se a importância e o papel desempenhado pelo Instituto Qualisa de Gestão (IQG), que se destaca por sua contribuição inestimável à promoção da qualidade e segurança no ambiente de saúde brasileiro. Sua atuação é um marco na história da saúde no Brasil, evidenciando como a gestão da qualidade pode ser o motor para transformações profundas e duradouras nos sistemas de saúde.

Este livro é um convite aberto a profissionais de saúde, gestores, pesquisadores e estudantes para que vejam na qualidade uma ferramenta poderosa de transformação, capaz de promover a equidade, eficiência e humanização no atendimento à saúde. Por meio de uma linguagem acessível e relatos inspiradores, espera-se não apenas disseminar conhecimentos, mas também incentivar uma cultura de qualidade que seja vista como responsabilidade de todos, desde os gestores até os profissionais da linha de frente.

Em um momento em que o Brasil e o mundo enfrentam desafios sem precedentes na área da saúde, *Gestão da Qualidade na Saúde: uma Revolução de e para Todos* surge como um convite à reflexão e à ação. Que esta obra possa inspirar novas gerações de profissionais a abraçar a gestão da qualidade como um caminho sem volta na busca por um sistema de saúde mais justo, eficaz e sustentável.

SUMÁRIO

CAPÍTULO 1

Um assunto amplo e irrestrito: por que qualidade é um assunto de todos?

"O primeiro requisito de um hospital é que ele jamais deveria fazer mal ao doente."

\- Florence Nightingale

Quando Léa Learte finalmente foi diagnosticada com câncer de mama, em 2017, medo e desesperança foram os sentimentos que dominaram sua relação inicial com a doença e seu tratamento. Vítima de um erro diagnóstico, ela passara os dois anos anteriores questionando sua médica sobre sintomas e suspeitas que tinha e, sem grandes explicações ou investigações feitas pela profissional, voltava para casa com a mesma resposta: "não é nada".

Durante esse período, acompanhou de perto o adoecimento de seu pai, em função de um câncer de próstata. Foi nesse momento de maior contato entre eles (Léa é filha de outro casamento do pai), que ela confidenciou à meia-irmã, profissional na área da saúde, as preocupações que a afligiam em relação ao seu próprio bem-estar. Recebeu, então, o alerta de que algo estava errado.

Usuária do SUS, Léa recorreu, no particular, a um mastologista. O médico, que se disse habituado a receber pacientes do setor público sem diagnósticos claros, solicitou exames para ter informações confiáveis sobre o quadro de saúde dela. Com a má notícia confirmada, ela iniciou o tratamento em uma instituição especializada em oncologia em Macapá, capital do estado do Amapá e cidade em que vive. Tinha de subir três lances de escada para realizar a quimioterapia em uma sala embolorada, repleta de infiltrações, sem cadeiras confortáveis ou mesmo acesso a banheiro com encanamento de água.

O tratamento de Léa também exigiu que viajasse do Amapá ao Maranhão, vencendo uma distância de aproximadamente mil quilômetros, para fazer a radioterapia. "A gente tem de passar meses fora daqui para ir a um estado desconhecido. Imagine uma pessoa que não sabe nem andar em Macapá ter de se deslocar numa cidade grande como São Paulo, Recife, Fortaleza. A pessoa entra em desespero", ela diz.

Ao narrar sua história, Léa, que é formada em gestão de recursos humanos, traz clareza sobre os contornos da desigualdade no Brasil: "Aqui [no Macapá], e eu não sei se para vocês também é assim, o povo infelizmente só procura esses recursos [exames e consultas realizados no particular] quando não tem outra alternativa, porque são muitos obstáculos que a gente enfrenta. É uma consulta que é difícil, um exame de imagem que é difícil. Então, com tantas barreiras, muitos acabam desistindo do tratamento".

Durante a sua luta pessoal contra o câncer, a paciente acabou perdendo o pai para a doença, o que a deixou ainda mais desestruturada e desesperançosa, já que ele havia realizado todo o tratamento utilizando o sistema suplementar de saúde: "Meu pai podia pagar um plano, mas eu não tive opção, tive que usar o SUS".

Léa é um dos atuais três mil pacientes oncológicos atendidos pelo sistema público de saúde do Amapá[1]. Nos corredores do hospital em que se trata, fundou a Apouva, Associação de Pacientes Oncológicos Unidos pela Vida e pelo Amor, uma iniciativa voltada a compartilhar experiências e fornecer o acolhimento que ela e outras mulheres, também em tratamento de câncer, não tinham na instituição. "A gente começou a se deparar com a dificuldade de tratamento, como falta de medicamentos, cirurgias canceladas, falta de acesso a exames de imagens que custam caro", ela conta.

Com o tempo, a Apouva tornou-se um lugar de luta, denúncias e manifestações. "Vocês têm noção do quanto vocês são fortes?", questionou uma técnica de enfermagem da instituição de Saúde. "Vocês estão fazendo muita diferença com essa manifestação. Vocês conseguem mudar muita coisa", ela incentivou.

O impacto da associação se desdobra para além dos limites do SUS. Isso porque, diante da ameaça de interrupção de tratamento por falta de medicação, diversos pacientes recorrem ao setor privado, arrecadando dinheiro por meio de rifas e "vaquinhas". Nessas trocas, a Apouva acabou identificando uma clínica oncológica em Macapá que superfaturava o preço de medicamentos e equipamentos, lamenta Léa:

*"Nosso diagnóstico era um **comércio.**"*

1 - Dados de 2023, de acordo com a Secretaria de Saúde do Amapá. Disponível em: https://saude.portal.ap.gov.br/conteudo/rede-de-atendimento/unacon#:~:text=Atualmente%2C%20atende%20cerca%20de%203%20mil%20pessoas%20com%20diagn%C3%B3stico%20de%20c%C3%A2ncer. Acesso em 11 de dezembro de 2023.

Após denúncia das fraudes ao Ministério Público, a clínica em questão foi obrigada a comercializar aqueles itens com os valores regulares.

Com as manifestações populares e os apelos à mídia, a associação conseguiu melhorar a situação dos pacientes oncológicos do Amapá, mas segue pressionando o governo local para garantir tratamento digno a todos os cidadãos do estado. "Morreu muita gente por descaso, muita gente mesmo. Nossa amiga morreu pelo descaso, pela demora de fechar um diagnóstico, pela demora de um protocolo, pela demora de fazer uma cirurgia. Quando ela foi para a cirurgia, não tinha mas jeito, a doença já tinha avançado, tinha metástase em todos os órgãos, não tinha mais como, só um milagre", Léa recorda.

O drama da fundadora da Apouva e demais pacientes oncológicos do Amapá está longe de ser uma exceção. O Brasil é uma contradição pulsante e complexa, que ostenta em sua constituição a promessa de saúde para todos, mas que, na prática, vivencia a realidade de poucos clientes bem atendidos, muitos clientes insatisfeitos e uma enormidade de reféns de um sistema ineficaz e repleto de falhas. Entre público e privado, instituições de grande e pequeno porte, beneficentes ou não, problemas sistêmicos impedem que o país avance no sentido de promover saúde de qualidade à sua população.

O relatório *Global Health Service Monitor 2021*[2], realizado com base na pesquisa da Ipsos em 30 países do mundo, constatou que os brasileiros têm uma percepção nítida sobre as desigualdades do país, já que 90% dos entrevistados declararam

2 Global Health Service Monitor 2021. Disponível em: https://www.ipsos.com/pt-br/para-9-em-cada-10-brasileiros-populacao-nao-tem-condicao-de-pagar-por-saude-de-qualidade. Acesso em 11 de Dezembro de 2023.

que a maior parte da população não possui condições financeiras para ter acesso à saúde de qualidade. Há a consciência de que o país dispõe de serviços médicos de referência, mas que estão restritos a uma parcela mínima de cidadãos. O principal desafio apontado para alcançar patamares mais abrangentes de acesso a serviços de saúde de qualidade estaria ligado à falta de investimento, de acordo com 51% dos respondentes.

A ideia de que recursos financeiros seriam capazes, por si só, de garantir a qualidade dos serviços não explica, entretanto, toda a complexidade do setor no Brasil. Em outro estudo, elaborado pela DGR e IAG Saúde[3], por meio da plataforma de dados Valor Saúde Brasil, avaliou-se que 53% dos custos assistenciais são desperdiçados. Os números contemplam informações provenientes tanto do setor público quanto do privado, e apontam inadequações de internação e reinternações como fatores cruciais para esse problema. Especificamente no setor público, somente em 2019, constatou-se uma perda de R$ 2,2 bilhões de reais referente a insumos que foram incinerados por não terem sido utilizados e estarem próximos ao vencimento, de acordo com a reportagem divulgada pelo Jornal da Globo[4] .

Em uma equação de difícil equilíbrio, há, de um lado, desperdícios e recursos mal utilizados; de outro, há escassez, demora e omissão. Tal dilema está ancorado em um problema sistêmico: a má gestão. E ela representa perdas para todos os atores dessa cena: pacientes, profissionais de saúde, prestadores de serviço, operadoras de saúde, o Estado e, obviamente, a sociedade como um todo.

3 Disponível em: https://medicinasa.com.br/desperdicio-custo-hospital/. Acesso em 11 de dezembro de 2023.
4 Disponível em: Exclusivo: relatório mostra desperdício bilionário de insumos no Ministério da Saúde desde 2019 | Jornal da Globo | G1. Acesso em 13 de dezembro de 2023.

Pacientes, familiares e amigos são visceralmente afetados pela falta de acesso a tratamentos e práticas médicas atualizadas, baseadas em evidências científicas. Léa passou por cinco cirurgias ao longo de seu tratamento de câncer de mama e, hoje, faz um questionamento lógico e justo: quantas dessas intervenções poderiam ter sido evitadas com um diagnóstico precoce? Para além da dor de suas vítimas, as falhas recorrentes do sistema de saúde — atraso e erro diagnóstico, tratamentos inadequados, indicações equivocadas de internação e cirurgia, incapacitação de profissionais — afetam de maneira irreparável todos os envolvidos.

Esse é um problema de dimensões globais mapeado pela OMS, a Organização Mundial de Saúde, desde 2002. A estimativa é que mortes e danos evitáveis atinjam 2,6 milhões de pessoas em todo o mundo[5]. No Brasil, de acordo com o *2.º Anuário da Segurança Assistencial Hospitalar (2018)*[6] da UFMG (Universidade Federal de Minas Gerais), 55 mil pessoas morrem em virtude de falhas e erros de assistência médico-hospitalar, o equivalente a seis pessoas por hora.

Além das mortes, estima-se que mais 1,3 milhão de pessoas sofram por problemas colaterais decorrentes de tais erros. A publicação da UFMG traz importantes referências sobre o tema, como um estudo da OCDE que destaca: "As consequências da insegurança do paciente vão além dos eventos adversos hospitalares e do aumento do custo assistencial. Inclui a morbidade e formas mais sutis de prejuízos ao paciente e família, como a perda da dignidade, do respeito, com sofrimento psíquico e quebra da confiança no sistema de saúde, no governo e nos profissionais"[7].

5 Disponível em: https://revistapesquisa.fapesp.br/um-diagnostico-do-erro-medico/. Acesso em 12 de dezembro de 2023.

6 Disponível em: https://www.iess.org.br/biblioteca/anuario-e-pareceres/anuario-da-seguranca-hospitalar/2o-anuario-da-seguranca-assistencial. Acesso em 12 de dezembro de 2023. .

7 Disponível em: SLAWOMIRSKI, L.; AURAAEN, A.; KLAZINGA, N. *The economics of patient*

O anuário aponta ainda para as consequências da má assistência para os profissionais de saúde, que "experimentam efeitos psicológicos profundos, como raiva, culpa, inadequação, depressão e suicídio, devido a falhas reais ou percebidas. A ameaça de ação legal iminente pode agravar esses sentimentos. Isso também pode levar a uma perda de confiança na sua capacidade laboral" (RODZIEWICZ, 2018).

Em termos econômicos, o impacto é igualmente expressivo, já que os custos relacionados a eventos adversos são da ordem de 10,6 bilhões de reais, representando 16,2% de todas as despesas médico-hospitalares, segundo a pesquisa da UFMG. Isso onera diretamente operadoras de saúde e os cofres públicos, prejudicando o fornecimento de serviços de saúde adequados a milhares de cidadãos e corroborando para um cenário setorial cada vez mais distante da sustentabilidade.

Prejuízos financeiros bilionários para operadoras de saúde e para o sistema público. Profissionais de saúde — que também são vítimas dos problemas estruturais — desestabilizados diante dos possíveis impactos de seus erros. Famílias destroçadas. Cidadãos que perdem suas vidas ou se tornam incapacitados por erros que poderiam ser evitados. O denominador comum desse desastre é a falta de qualidade, ou de gestão da qualidade, um termo conhecido no mundo da saúde, mas verdadeiramente compreendido por poucos.

"Estar no hospital era o fim para mim, até porque eu não tive orientação, um acolhimento digno. Estar ali era a sentença do meu óbito", diz Léa Learte, que é apenas um dos personagens da história contada pelo sistema de saúde no Brasil.

safety: Strengthening a value–base approach to reducing patient harm at national level, OECD, Mar. 2017 Inglês (Americano).(https://www.oecd-ilibrary.org/social-issues-migration-health/the-economics-of-patient-safety_5a9858cd-en). Acesso em 18 de dezembro de 2023.

Mas, se toda a sociedade perde e os efeitos da má gestão assolam toda uma nação, por que a qualidade não avança no Brasil e se arrasta como um problema que ninguém consegue resolver?

É possível resolvê-lo?

O conhecimento técnico e científico, a percepção sistêmica do setor e de sua cadeia de valor, o bom senso e a vontade de transformar esse cenário dizem que sim, há um caminho de transformação.

CAPÍTULO 2

Como a qualidade invadiu a Saúde - e por que foi preciso isso acontecer

"Fora do Rio ou de São Paulo, capitais mais ou menos saneadas, e de algumas outras cidades em que a providência superintende a higiene, **o Brasil é um imenso hospital.**"

- PEREIRA, 1922, p. 194

A fala do médico Miguel Pereira, proferida durante um discurso em 1916, ecoou nos veículos de comunicação daquela época por descrever com dura clareza o estado calamitoso em que se encontrava a saúde em grande parte do território brasileiro. A declaração chama a atenção para a concentração de recursos no eixo Rio de Janeiro-São Paulo, dando indícios históricos sobre a desigualdade sociocultural do país, que já impunha consequências para o acesso da maioria de seus cidadãos aos serviços de saúde.

Àquela época, no contexto da Primeira Guerra Mundial, o deputado federal Carlos Peixoto apontou para a possibilidade de recrutar brasileiros em todas as regiões do país (Sá, 2009, p. 336), ao que Pereira respondeu, em seu discurso: "Parte, e parte ponderável dessa nobre gente não se levantaria: inválidos, exíguos, esgotados pela ancilostomose e pela malária;

estropiados e arrasados pela moléstia de Chagas; corroídos pela sífilis e pela lepra; devastados pelo alcoolismo, chupados pela fome, ignorantes, abandonados, sem ideal e sem letras" (Pereira, 1922, p. 194).

O emblemático discurso de Pereira estava em consonância com outra voz relevante da época, a do médico sanitarista e pesquisador Carlos Chagas, que apontava a relação direta entre saúde e desenvolvimento econômico, e já alertava para a importância de oferecer melhores cuidados para garantir o crescimento do país: "E é esta profilaxia rural das moléstias rurais e assistência médica das populações que trabalham – o grande problema econômico e social do nosso país, a cuja solução está indissoluvelmente ligado o nosso progresso" (Jornal do Commercio, 11 out. 1916 apud Sá, 2009, p. 335).

As endemias do setor rural, especialmente a ancilostomose, a doença de Chagas e a malária, denominadas como "tríade maldita", encontravam-se descontroladas por falta de programas de saúde pública ostensivos. No entanto, apesar de terem existido iniciativas voltadas a melhorar as condições de saúde nas zonas rurais, especialmente a partir do desenvolvimento do saneamento básico, como a Liga Pró-Saneamento do Brasil[1], o foco da atenção pública se desviou dessas regiões e se direcionou ao setor urbano, que estava, naquele momento, em franca industrialização. Essa orientação se deu devido às reivindicações dos trabalhadores da cidade, que buscavam melhores condições de vida e acesso a serviços de saúde, e o crescente impacto do discurso desenvolvimentista no país.

1 A Liga Pró-Saneamento do Brasil foi fundada, criada por Belisário Penna, em 1918 e objetivava melhorar as condições de saneamento básico especialmente no interior do país. Contava com iniciativas educacionais e ações voltadas para que os Estados e municípios melhorassem a infraestrutura dessas regiões.

Em 1923, foi criada a Lei Eloy Chaves[2], que é reconhecida como a base do sistema previdenciário brasileiro, além da instituição da Caixa de Aposentadorias e Pensões (CAPs), que previa o pagamento de pensão aos trabalhadores que fossem afastados em decorrência de acidentes de trabalho ou por doenças. E, em 1930, já durante o governo de Getúlio Vargas, instauraram-se os Institutos de Aposentadorias e Pensões (IAPs), que ampliaram a atuação dos CAPs e previam atendimento médico a seus beneficiários, atrelado à contribuição por eles realizada. A instituição dos IAPs fez com que a oferta de serviços na saúde e, especialmente, a quantidade de hospitais aumentassem significativamente na Era Vargas, de 1930 a 1945. No entanto, estavam disponíveis somente a uma pequena parcela da população: trabalhadores formais, concentrados majoritariamente nas duas grandes capitais do país.

Historicamente, o surgimento dos estudos de administração no país está fortemente atrelado às demandas da gestão hospitalar nos grandes centros urbanos, impulsionadas pelo marco previdenciário dos IAPs. "Antes de formar administradores de empresa, nós já estávamos preocupados em formar administradores de hospitais", ressalta Gonzalo Vecina Neto. O médico sanitarista e professor da faculdade de saúde pública da USP conta que, naquele momento, a maioria dos hospitais eram instituições públicas. Em menor quantidade, havia as Santas Casas, beneficentes, e alguns poucos hospitais particulares "que faziam parte da vontade de médicos de terem um espaço para atender seus pacientes".

2 Disponível em: https://www.jusbrasil.com.br/noticias/87-anos-lei-eloy-chaves-e-a-base-da-previdencia-social-brasileira/2063032. Acesso em 15 de dezembro de 2023.

O berço da gestão

As primeiras faculdades de administração no Brasil foram direcionadas à gestão pública:

- Em 1943, surgiu a Escola Brasileira de Administração Pública (EBAP) no Rio de Janeiro, que se tornaria, futuramente, a Fundação Getúlio Vargas (FGV).

- Em 1956, um grupo de empresários paulistas criou a Escola de Administração de Empresas de São Paulo - EAESP, também da Fundação Getúlio Vargas.

- Em 1963, a USP inaugurou o primeiro curso de uma universidade pública de administração de empresas, a FEA, Faculdade de Economia, Administração, Contabilidade e Atuária da Universidade de São Paulo.

Instituições de ensino concentradas no eixo Rio de Janeiro-São Paulo foram responsáveis por dar início à formação de gestores mais qualificados para a área da saúde. Mas e o restante do país?

A essa altura, quase 30 anos depois da famosa frase de Miguel Pereira, o médico sanitarista e mineiro e então candidato à presidência, Juscelino Kubitschek, reconhecia a desigualdade de acesso à saúde no Brasil e intencionava mudar esse cenário: "Quando voltarmos os olhos para o nosso homem do interior não devemos ver só um homem doente" (Kubitschek, 1955). Durante o seu governo (1956–1961), houve, por exemplo, a criação do Departamento Nacional de Endemias Ruais (DNERU), responsável por enfrentar as ditas “doenças de massa”, que acometiam principalmente o setor rural. O órgão teve especial sucesso no controle da malária, com redução de 97% de infecção até fim dos anos 1950, mas não atingiu a erradicação da doença, como havia se comprometido. Em 1953, o Ministério da Saúde deixou de estar atrelado ao Ministério da Educação, mas ainda era incipiente a criação de um programa de saúde pública que atendesse a toda a população brasileira de forma mais igualitária e ostensiva.

Mundialmente, era crescente a conscientização sobre os impactos tenebrosos da falta de assistência adequada em saúde e a importância de demais fatores sociais como determinantes para o desenvolvimento de um país. Em 1952, durante a V Conferência da Organização Mundial da Saúde (OMS), houve um embate entre Charles-Edward Winslow (médico sanitarista e bacteriologista) e Gunnar Myrdal (economista)[3]. Para o primeiro, haveria um “círculo vicioso entre doença e pobreza”: a pobreza leva ao adoecimento, e este faz com que o indivíduo permaneça pobre. Myrdal, por outro lado, em sua teoria da “causalidade cumulativa”, defendia haver uma série de condições econômicas e sociais (como educação, alimentação, emprego, habitação, entre outras) que afetariam a saúde da população pobre e que seria necessário, então, estabelecer intervenções para favorecer socialmente e economicamente essa população — e, por consequência, a saúde dela.

Nesse momento, as iniciativas do governo JK atreladas ao combate das “doenças de massa” refletiam o “otimismo sanitário” do final da Segunda Guerra Mundial, “com a disponibilida-

3 Disponível em: https://repositorio.ipea.gov.br/bitstream/11058/8720/15/Bapi_16_myrdal.pdf. Acesso em 15 de dezembro de 2023.

de dos novos recursos preventivos e terapêuticos — inseticidas, antibióticos, sulfas e antimaláricos, que animavam governos, agências bilaterais de cooperação e organizações internacionais a formular e implementar programas de saúde visando controlar, e mesmo erradicar, doenças no chamado mundo subdesenvolvido" (Hochman, 2009, p. 315).

Concomitantemente, emergia no cenário global a discussão sobre qualidade no âmbito industrial e seus impactos para a melhora de produtividade, a partir da diminuição da variação dos resultados da produção — ou seja, a melhoria da produtividade decorrente da padronização de processos. Joseph Moses Juran e Willian Edwards Deming foram importantes teóricos da gestão da qualidade e desenvolveram processos valiosos no Japão em prol da retomada econômica do país pós-Segunda Guerra. No Brasil, esses conceitos passaram a ser utilizados a partir dos anos 1980, quando "há um movimento nacional para incorporar o controle de qualidade dos processos de produção industrial aos processos de produção de serviços e, de alguma maneira, isso acaba se direcionando também para a área da saúde", destaca o professor Vecina.

Na área da saúde, temas como controle de infecção hospitalar e iatrogenia — doenças e eventos adversos causados pela má conduta assistencial — estavam em ascensão. Foi um momento importante, de identificação da existência de uma alta taxa de mortalidade ligada "à capacidade de matar do setor saúde". De acordo com o médico sanitarista, há uma sobreposição entre os temas, e começou-se, então, a discutir de que maneira os aprendizados em gestão industrial poderiam favorecer a melhoria da qualidade na saúde.

"A consequência de erros na indústria em geral é um produto defeituoso que não vai ser usado. Na saúde, é morte, doença, incapacitação. Então, a questão da segurança na área tem um chamamento muito mais complexo do que teria nos outros setores. Errar a produção de um rádio não tem problema, mas errar na produção de uma cirurgia resulta em uma pessoa morta", alerta o médico sanitarista. E foi justamente a morte de um notório político que despertou a visibilidade para a dimensão do problema da infecção hospitalar.

Uma repercussão sem volta

Em 1985, uma notícia paralisou o Brasil. Às vésperas de tomar posse como primeiro presidente eleito após o período de ditadura militar, Tancredo Neves morreu em decorrência de uma infecção generalizada contraída após uma cirurgia. Político fortemente engajado no processo de redemocratização, Tancredo contava com amplo apoio popular, e sua posse representava um aceno à liberdade e esperança do povo brasileiro rumo à abertura política e em meio a um período de forte estagnação econômica. Apesar de ter sido eleito por voto indireto, mesmo após ampla mobilização social pelas Diretas Já, sinalizava a possibilidade de união e avanço político e social, com a instauração da Assembleia Constituinte.

Muitos brasileiros se dirigiram à capital federal para sua posse, como o pesquisador Luis Mir, que voltou de um autoexílio na Espanha com a promessa de democracia que a posse de Tancredo representava ao país. Ele e mais de milhões de brasileiros acompanharam atônitos o adoecimento e consequente morte do político, alçado a herói. Anos mais tarde, em 2010, Mir lançou o livro *O Paciente – o Caso Tancredo Neves*, após investigar o adoecimento e a morte do futuro presidente do Brasil. O autor foi enfático ao concluir se tratar de um processo de infecção decorrente de uma série de erros de conduta:

> *"A prova documental é robusta e inquestionável. Ele foi a óbito num quadro catastrófico decorrente de diagnósticos equivocados, procedimentos inadequados, avaliações heterodoxas, quebra de condutas e rotinas em cascata de responsabilidade de seis médicos que chefiaram o atendimento (...). Tancredo Neves morreu cirúrgica e hemorragicamente em Brasília e foi enterrado clinicamente em São Paulo".*[4]

No fim dos anos 80, o caso impulsionou as discussões sobre o controle das infecções generalizadas no ambiente hospitalar e fez com que as comissões dedicadas ao tema evoluíssem para a criação de grupos com "a presença física de um profissional da área de enfermagem, de um profissional da área de moléstias infecciosas e de um profissional médico que trabalhasse com infecção hospitalar", de acordo com Gonzalo Vecina Neto.

Ele também conta que houve outros avanços importantes, como a criação de legislação específica para o problema da infecção hospitalar, um maior aporte em termos de pesquisa e, ainda, a percepção de que se tratava de um problema de gestão, que fomentou, futuramente, a discussão sobre a segurança dos pacientes e um movimento maior de qualificação do setor, como a instituição do processo de acreditação em hospitais.

4 Disponível em: https://www.observatoriodaimprensa.com.br/armazem-literario/a-dignidade-que-todo-paciente-merece/ Acesso em 16 de dezembro de 2023.

As iniciativas brasileiras estavam em confluência com o movimento global sobre o assunto. Em 2004, o IHI (*Institute for Healthecare Improvement*) lançou inicialmente o movimento "Salve 100.000 vidas"[5], para engajar hospitais estadunidenses a se comprometerem com intervenções comprovadamente eficientes e capazes de melhorar o atendimento a seus pacientes e prevenir mortes evitáveis. Em 18 meses, a iniciativa conseguiu envolver mais de três mil hospitais nos Estados Unidos, que foram capazes, estima-se, de salvar mais de 122.000 vidas. A campanha se desdobrou para "Salve cinco milhões de vidas", com um objetivo ainda mais audacioso e, após dois anos de sua execução, enfrentou dificuldades em mensurar seus reais impactos, como relataram reportagens daquele ano.

Apesar de o Brasil estar inserido no contexto global em busca de melhorias e de prevenção a eventos adversos e mortes evitáveis, há particularidades que chamam a atenção. Um estudo realizado pela Fundação Oswaldo Cruz[6] evidenciou que 66,7% dos eventos adversos encontrados nos hospitais pesquisados pela amostra poderiam ter sido evitados. Esse número é bastante superior a países como França (27,5%) e Canadá (37%), por exemplo. Segundo Walter Mendes, médico sanitarista e autor do estudo, em entrevista à Folha de S. Paulo, a gestão é a causa de tamanha discrepância: "Os pacientes são tratados de forma amadora no Brasil. Nos países desenvolvidos, a gestão é profissional"[7].

Segue o Brasil sendo um imenso hospital? Para além dos avanços e melhorias, Léas e Tancredos ainda são vítimas de um

5 Disponível em: https://www.ihi.org/insights/100000-lives-campaign-ten-years-later. Acesso em 17 de dezembro de 2023.
6 Disponível em: https://www.scielo.br/j/ramb/a/NfV343GkBdKZd7tfgkbThhp/ e https://agencia.fiocruz.br/pesquisador-apresenta-resultados-de-estudos-sobre-eventos-adversos-em-hospitais, acesso em 18 de dezembro de 2023.
7 Disponível em: https://www1.folha.uol.com.br/fsp/cotidian/ff0609200808.htm. Acesso em 18 de dezembro de 2023.

sistema repleto de falhas, e a má gestão continua a ser o cerne da falta da qualidade do país. O fato é que, até a instituição do direito à saúde como uma obrigação do Estado, marco alcançado com a constituição de 1988, somente os trabalhadores formais assalariados tinham acesso aos serviços de saúde no Brasil. Mas e os outros?

REFERÊNCIAS BIBLIOGRÁFICAS

GIOVANELLA, L. et al. (Orgs.). *Políticas e sistemas de saúde no Brasil.* Rio de Janeiro: Editora Fiocruz, 2012.

HOCHMAN, Gilberto. *O Brasil não é só doença: o programa de saúde pública de Juscelino Kubitschek. História, Ciências, Saúde* – Manguinhos, Rio de Janeiro, v.16, supl.1, jul. 2009, p.313–331.

KUBITSCHEK, Juscelino. *Programa de saúde pública do candidato.* São Paulo: L. Nicollini. 1955.

PEREIRA, Miguel. *À margem da medicina* (edição póstuma). Rio de Janeiro: Castro, Mendonça & C. 1922.

SÁ, Dominichi Miranda de. *A voz do Brasil: Miguel Pereira e o discurso sobre o "imenso hospital". História, Ciências, Saúde* – Manguinhos, v.16, supl.1, jul. 2009, p. 333–348.

https://www.fiercehealthcare.com/healthcare/ihi-s-5-million-lives-campaign-ends-uncertain-results

https://www.ihi.org/insights/100000-lives-campaign-ten-years-later

https://www.sciencedirect.com/science/article/abs/pii/S1553725007330511

CAPÍTULO 3

Qualidade como pilar do SUS: ideia que ficou no papel

"Qualidade é a conformidade com a finalidade."

- Juran, 1998, p. 21

Se somente indivíduos beneficiados pelos diretos do trabalhador tinham acesso aos serviços de saúde no Brasil, o que acontecia com o restante da população? "E os outros?", foi a pergunta que Alceni Guerra, então médico pediatra da cidade de Pato Branco, no interior do Paraná, compartilhou com a mãe que trouxera uma bebê recém-nascida em estado preocupante para seu atendimento no hospital, em finais dos anos 1970. A mãe, que empunhava uma carteirinha amarelada do INPS nas mãos, sentenciou: "Na minha rua, eu sou a única que tem INPS. Os outros morrem, doutor, porque os hospitais não atendem quem não tem dinheiro nem INPS".

Veio ao encontro com a síntese cruel da realidade da maioria dos brasileiros daquele período: os que tinham poder financeiro recorriam a serviços particulares, os que tinham carteira assinada contavam com atendimento garantido pela previdência. Os demais estavam à mercê das instituições filantrópicas existentes ou pereciam até a morte. O médico conta que chegou a advertir a mãe da menina enferma, questionando-a pela demora em procurar atendimento, pois já era fim de tarde. Acontece que, como narrou a mulher, o hospital priorizava, ainda assim, o atendimento aos pagadores do serviço, relegando os beneficiários do INPS para encaixes ou final do dia.

> *"Eu costumo dizer que eu salvei a vida da menininha e ela salvou a minha. Ela me tirou do exercício puramente profissional [da medicina] para a política de saúde",*

revela Alceni, que foi Ministro da Saúde do período do governo Collor e um dos idealizadores do SUS — o Sistema Único de Saúde.

O INPS (Instituto Nacional de Previdência Social) foi instituído em 1966 e representou a integração dos IAPs, os Institutos de Aposentadoria e Previdência. Assim, passou a unificar os serviços de saúde oferecidos aos trabalhadores inseridos no sistema previdenciário. Anteriormente, os benefícios eram bastante discrepantes entre as IAPs, a depender da associação profissional a que pertencia o instituto em questão — as categorias profissionais mais ricas dispunham de melhores serviços e benefícios, fomentando a desigualdade do sistema.

Apesar de ter unificado a disponibilidade de serviços oferecidos a seus beneficiários, a instituição do INPS não foi capaz de alterar a lógica de desigualdade e exclusão do sistema de saúde brasileiro, já que se restringia somente a trabalhadores formais assalariados. Mesmo com a autonomia do Ministério da Saúde, o sistema brasileiro dispunha de uma "separação entre saúde pública e assistência médica previdenciária", herança do governo de Getúlio Vargas, como destacam Sarah Escorel e Luiz

Antonio Teixeira em contribuição ao livro *Política e Sistema de Saúde no Brasil*.

A médica sanitarista doutora em sociologia e o historiador concluem que "a saúde pública sob o comando do Ministério da Educação e Saúde destinava-se a controlar e erradicar doenças infectocontagiosas, endemias ou epidemias que atingiam a totalidade da comunidade nacional e não grupos populacionais específicos. Estava, portanto, direcionada a solucionar problemas de saúde da coletividade (...). A assistência individual não estava sob o controle do MES (Ministério de Educação e Saúde) — ou era exercida livremente pelos médicos ou, no caso dos trabalhadores, estava sob a responsabilidade dos serviços vinculados ao Ministério do Trabalho, Indústria e Comércio (MTIC). O distanciamento da saúde pública da medicina previdenciária permaneceu por um longo período em nossa sociedade e determinou a ampliação desmesurada da assistência médica de cunho individual ante as atividades de saúde pública" (p. 305).

Havia, portanto, uma dissonância de investimentos e recursos, pois eram majoritariamente direcionados à medicina previdenciária, o que instaurou uma percepção de saúde atrelada ao atendimento individual das eventuais doenças dos trabalhadores, com o objetivo de melhorar a produtividade. Por outro lado, as políticas públicas eram direcionadas a controlar as grandes epidemias que assolavam as regiões menos centrais e urbanizadas do país, mas eram insuficientes para oferecer atendimento acessível a todos os seus cidadãos.

Historicamente, essa dinâmica contribuiu para a formação do entendimento cultural do que é saúde para a população: o atendimento individualizado de pessoas que já estão doentes e a possibilidade que acessem hospitais e serviços de saúde quando estão nessas condições.

Gonzalo Vecina destaca que a discussão sobre prevenção e atenção primária ainda era incipiente na realidade brasileira do fim dos anos 1980, apesar do marco mundial da Conferência de Alma Ata, a Conferência Internacional sobre Cuidados Primários na Saúde, de 1978, que pontuava que "os cuidados primários de saúde são cuidados essenciais de saúde baseados em métodos e tecnologias práticas, cientificamente bem fundamentadas e socialmente aceitáveis, colocadas ao alcance universal de indivíduos e famílias da comunidade, mediante sua plena participação e a um custo que a comunidade e o país possam manter em cada fase de seu desenvolvimento" [1].

No Brasil, a Constituição de 1988 estabeleceu que a saúde era um direito de todos os seus cidadãos e uma obrigação do Estado. "O artigo 196, o mais importante, no meu entender, de toda a nossa legislação em relação à saúde", diz Alceni Guerra, relembrando a trajetória da criação do Sistema Único de Saúde, desde a constituição até o efetivo estabelecimento do SUS, quando ocupava o cargo máximo do Ministério da Saúde do Brasil: "Em julho de 1990, recesso do Congresso Nacional, no salão verde da Câmara, porque no plenário não cabia todo mundo, lá estavam mil pessoas, de todo o Brasil, para discutir a Lei Orgânica de Saúde. (...) Nós a apelidaríamos de 80 e 80 [Lei n.º 8080]. Essa lei continha tudo que os brasileiros de todas as tendências queriam. Ela foi publicada no dia 19 de setembro de 1990, e eu fiquei eufórico".

1 Disponível em: *Carta 1: DECLARAÇÃO DE ALMA-ATA (ufpel.edu.br). Acesso em 26 de dezembro de 2023.

O então ministro destaca que a criação do SUS chamou atenção do mundo, o que ficou evidente em seu discurso durante reunião da OPAS (Organização Pan-Americana da Saúde): "A cada pouco os ministros me interrompiam para bater palmas, às vezes eles se levantavam para bater palmas, mas não era a mim que eles estavam aplaudindo, eles estavam aplaudindo a lei que eu estava narrando para eles, eles queriam a mesma lei nos seus países".

O SUS, com seus princípios de universalidade, equidade e integralidade, desde sua origem se propôs a garantir acesso à saúde de qualidade a todos os seus cidadãos a fim de minimizar as desigualdades ocasionadas pelos sistemas anteriores. Entretanto, nasceu em um país cruelmente demarcado por injustiças sociais, por distorções culturais sobre o que é saúde e com uma lógica "hospitalocêntrica".

Segundo Alejandra Carrillo Roa, Gerardo Alfaro Cantón e Mariana Ribeiro Jansen Ferreira, autores de um dos capítulos do livro *Sistema de Saúde no Brasil: Organização e Financiamento*, as operadoras de planos e seguros privados de saúde prestam seus serviços a cerca de 25% da população, especialmente classes sociais mais altas constituídas por trabalhadores formalmente inseridos no mercado. Na obra, ressalta-se que "apesar de o SUS ter eliminado o seguro social de saúde financiado pela contribuição sobre salários, em certo modo, persiste uma segmentação do sistema de saúde como um todo resultante do nível de renda e da inserção no mercado de trabalho" (2016, p. 41–42).

Os reflexos dessa dinâmica assistencialista centrada no hospital se apresentam nos dias de hoje, em que ainda há uma procura excessiva — e inadequada — por atendimentos em prontos-socorros. Mais de 80%[2] dos atendimentos realizados nas emergências dos hospitais deveriam ser tratados em outras instâncias, especialmente pela atenção primária. Os impactos dessa distorção se espraiam por todo o sistema, já que se utilizam "estruturas caríssimas, que atendem altíssima complexidade, como pacientes politraumatizados, infartos, derrames, para atender gripe. Esse é o caminho para a insustentabilidade", pontua Sergio Ricardo dos Santos, médico pneumologista e administrador da área da saúde.

O atual consultor em gestão evidencia as diferenças estruturais de formatação entre os sistemas público e privado no Brasil: "Quando a gente fala sobre a atuação do gestor e o serviço de saúde pública, eles têm uma grande vantagem em cima do setor privado — é que ele [o sistema público de saúde] nasceu certo. O desenho do setor público vem da visão sistêmica, como, por exemplo, o conceito de agentes de saúde, a estruturação hierarquizada, o propósito da universalidade e os caminhos para se atingir isso, a ampliação de acesso. É uma construção alimentada por premissas corretas, do ponto de vista da geração de saúde".

Com vasta experiência na área de saúde suplementar, Sergio apresenta uma visão crítica do sistema de saúde brasileiro contemporâneo e destaca que

2 Disponível em: https://revistavisaohospitalar.com.br/80-dos-atendimentos-em-pronto-socorro-poderiam-ser-evitados/#:~:text=80%25%20dos%20atendimentos%20em%20pronto%2D-socorro%20poderiam%20ser%20evitados,-by%20Jaqueline%2018&text=Dados%20do%20Minist%C3%A9rio%20da%20Sa%C3%BAde,agilidade%20e%20chances%20de%20recupera%C3%A7%C3%A3o.. Acesso em 26 de dezembro de 2023.

"no setor privado, falta a visão sistêmica. A saúde suplementar não existe por desenho, é um amontoado de gente trabalhando pelos seus interesses próprios.

Então, eu hoje vejo uma grande vantagem competitiva do setor público, porém a limitação orçamentária é um agravante enorme da entrega e das experiências".

No debate entre saúde pública e suplementar no País, a disponibilidade de recursos é um tema recorrente. Segundo dados do IBGE, para 71% dos brasileiros[3], o SUS é a única forma de acesso aos serviços de saúde, a exemplo de Léa Learte. Alceni Guerra lembra que, no momento da criação do SUS, havia a indicação de que 30% de todo o valor arrecadado pelo sistema previdenciário brasileiro deveria ser destinado ao SUS. Entretanto, diante de um impasse entre destinar esse percentual para a saúde ou para a aposentadoria dos trabalhadores rurais, o então presidente Itamar Franco privilegiou a segunda opção. "Claro que eu lamento, como homem da Saúde, mas acho justo, porque a aposentadoria para agricultores também é algo fundamental, não dá para criticar como uma injustiça ou uma incoerência, já que as duas coisas eram importantes. Mas, há poucos dias, eu fiz o cálculo do que nós perdemos — um trilhão de reais para o SUS em 33 anos", estima Alceni, referindo-se, em suas contas, a quanto do montante originalmente destinado ao financiamento do SUS acabou sendo repassado às aposentadorias rurais e a outras prioridades durante essas três décadas.

3 Disponível em: https://bvsms.saude.gov.br/71-dos-brasileiros-tem-os-servicos-publicos-de-saude-como-referencia/. Acesso em 27 de dezembro de 2023.

O subfinanciamento do sistema público e a dependência dos gastos privados prejudicam a entrega de valor para os usuários e impactam diretamente a qualidade dos serviços prestados: "a persistência de elevada inequidade regional no acesso a serviços de saúde perpetua as iniquidades em saúde, retardando o progresso nos resultados obtidos" (Roa, Cantón e Ferreira, 2016, p. 53).

Nesse cenário, fortalece-se a percepção de que o SUS tem de fazer muito com pouco dinheiro, em aparente contraposição à qualidade. Trata-se de uma lógica prejudicial ao sistema, que ignora a premissa básica que determina que a "qualidade é a conformidade com a finalidade" (Juran, 1998, p 21). Na saúde, portanto, a finalidade maior de toda e qualquer ação deveria estar sempre direcionada à melhoria da qualidade de vida e ao bem-estar para todos os cidadãos.

Além disso, como destaca o médico sanitarista Gonzalo Vecina,

> *"qualidade não custa mais nem menos, ela custa o que um sistema de produção custa para produzir algo sem defeito, ponto".*

Os gastos dos serviços na saúde precisam ser condizentes com a premissa de qualidade do setor e devem estar atrelados à promoção da saúde, já que os efeitos da falta de qualidade na área são catastróficos.

O SUS unificou politicamente a estrutura de saúde e seu desenho, mas sua criação e implementação se deram em um cenário já marcado por desigualdades. Os impactos seguem sendo desafiadores para todo o setor, que ainda apresenta divisões claras, como público *versus* privado e grandes centros urbanos *versus* áreas mais afastadas. As demandas na área da saúde são crescentes e de difícil equação. Entretanto, quanto mais complexo fica o cenário, mais se indica a necessidade de otimização de recursos e a importância de se evitar desperdícios, com foco na saúde e bem-estar do paciente, aprendizados imprescindíveis em termos de gestão da qualidade.

Seria a universalidade um sonho difícil de ser alcançado no Brasil? A importância do SUS é inquestionável, mas seu mérito não deve ofuscar discussões duras e relevantes: como ampliar o acesso ao sistema de saúde? E mais: quais os patamares da qualidade assistencial prestada aos cidadãos brasileiros?

Uma breve história do SUS

Segundo o IBGE, três a cada quatro brasileiros dependem exclusivamente do SUS, representando 150 milhões de pessoas em 2019. Em seus 33 anos de existência, o SUS aumentou exponencialmente o número de atendimentos, chegando a 116.000 cadastrados (cinco vezes maior do que a base de atendidos de 1998), de acordo com dados do DataSUS disponibilizados pela pesquisadora Ligia Bahia em *Trinta anos de Sistema Único de Saúde (SUS): uma transição necessária, mas insuficiente.* Se o SUS cresceu, o setor privado também, aumentando a oferta de leitos em 3.000, enquanto o setor público apresentou reduções.

A autora analisou as particularidades históricas e políticas brasileiras para afirmar: "O SUS cresceu, mas não é único nem universal" (p. 2). Ela destaca: "Alterações nos cenários internacionais (fim da polarização União Soviética-Estados Unidos e adesão generalizada aos cânones do neoliberalismo) e, no âmbito interno, políticas macroeconômicas restritivas e sociais focalizadas, além da herança (ou a dependência) da trajetória de um sistema privado, mitigaram (para alguns) ou interditaram (para outros) a consolidação de um sistema de saúde universal em um país capitalista periférico".

As diferentes fontes de oferta de serviços de saúde e suas sobreposições representam mais uma particularidade do Brasil e também dificultam que se construa uma visão sistêmica sobre o setor. Ademais, alterações de visões políticas, com o congelamento de investimentos, apontam para mudanças significativas sobre o entendimento do papel do Estado enquanto promotor do acesso à saúde: "Não estamos em um nível de desenvolvimento econômico que nos permita garantir esses direitos por conta do Estado (...) quanto mais gente puder ter planos, melhor, porque vai ter atendimento patrocinado por eles mesmos, o que alivia o custo do governo...", declarou o então ministro da saúde Ricardo Barros.

REFERÊNCIAS BIBLIOGRÁFICAS

BAHIA, L. *Trinta anos de Sistema Único de Saúde (SUS): uma transição necessária, mas insuficiente. In*: CSP. Cadernos de Saúde Pública, 2018. Disponível em: https://www.scielo.br/j/csp/a/W7zxfv588XxhKQ7JJ8dGVKD/?format=pdf&lang=pt. Acesso em 9 de janeiro de 2024.

JURAN, J. M. e GODFREY, A. B. *Juran's Quality Book.* 5ª edição.

McGraw Hill. Disponível em: https://gmpua.com/QM/Book/quality%20handbook.pdf, acesso em 26 de dezembro de 2023.

Marques, R. M., Piola, S. F e Roa, A. C. *Sistema de Saúde no Brasil: organização e financiamento.* 1.ª edição, Rio de Janeiro: ABrES; Brasília: Ministério da Saúde, Departamento de Economia da Saúde, Investimentos e Desenvolvimento; OPAS/OMS no Brasil, 2016.

CAPÍTULO 4

O resgate da origem: qualidade enquanto modelo de gestão

"A qualidade é invisível. São coisas que estão dentro das paredes do hospital, mas não estão visíveis nem para o médico, nem para o paciente, nem para o acompanhante."

- George Schaim

O conceito da qualidade e os impactos de sua ausência ou distorção não estavam claros para grande parte dos gestores hospitalares do fim dos anos 1990. "Qualidade é fazer uma vez só e bem-feito. Não quer dizer caro nem bonito", define George Schaim, médico e ex-presidente do Hospital Santa Paula e atual membro do conselho diretivo da Rede Ímpar.

O médico enxerga com clareza os impactos positivos da qualidade na gestão hospitalar, já que, enquanto diretor do Hospital Santa Paula, foi o pioneiro em realizar o processo de acreditação em um hospital de São Paulo. E revela que, naquele momento, já havia uma grande desconfiança em relação ao assunto — o processo de acreditação era entendido por muitos como uma jogada de *marketing*, um selo a ser comunicado como diferencial aos usuários, e não como uma jornada em busca do aperfeiçoamento contínuo da qualidade e da segurança do paciente. Ou seja, um processo estratégico e fundamental para a sustentabilidade da instituição.

Além da falha compreensão sobre o tema, atrelar qualidade a bem-estar e conforto, o que se conhece como hotelaria hospitalar, continua uma prática recorrente no Brasil, que desafia o avanço de uma discussão mais profunda sobre o que se espera de cuidados de qualidade, além de distorcer o entendimento do paciente sobre o assunto. "A qualidade é invisível. São coisas que estão dentro das paredes do hospital, mas não estão visíveis nem para o médico, nem para o paciente, nem para o acompanhante", explica Schaim.

Para além do não entendimento do que é a qualidade e seus impactos do ponto de vista do paciente, é comum haver dificuldades para a implementação de processos de melhoria também no corpo clínico. Isso porque ações de controle da qualidade geralmente acompanham uma resistência em mudar práticas instaladas e a sensação de que os profissionais estão sendo "fiscalizados". A implementação desse processo evidencia as principais barreiras a serem enfrentadas pela gestão hospitalar na busca por promover qualidade, e todas essas dificuldades fizeram parte da jornada do Hospital Santa Paula, recorda o médico.

A resistência do corpo clínico deriva, entre outros aspectos, do enfrentamento de um tabu: o erro. Reconhecer as falhas e implementar processos capazes de mitigá-los demanda um longo processo, educativo e contínuo, que abrange toda a equipe de um hospital. Significa quebrar uma série de paradigmas e pressupostos bastante consolidados no setor, como a centralidade e onipotência da figura do médico. Implica entender que todos são imprescindíveis à segurança do paciente, do faxineiro ao fisioterapeuta, passando pelos enfermeiros e farmacêuticos. A dinâmica hospitalar é cada vez mais complexa e exige a correta comunicação entre todos os profissionais, considerando que cada um pode ter um papel mais relevante que os demais em um determinado momento.

"[A assistência] é multiprofissional, mas eu sou mais importante. Não! Tem horas que o profissional da higienização é mais importante que o médico. Eu sempre os comparava [os profissionais da equipe hospitalar] ao *Cirque de Soleil*. Tem um momento em que você é o mais importante, a luz está em cima de você e, em um segundo momento, a luz está em cima do outro. É o conjunto que faz a cena", diz Schaim.

Trata-se de uma mudança cultural importante, já que a formação do médico é centrada na sua atuação sobre o paciente, a partir de uma relação hierárquica. "A medicina faz isso, uma imersão de seis anos, mais os anos de residência. O médico é colocado no centro de tudo. 'O paciente é meu, faço o que eu quero', isso vem da formação e, por ser uma imersão, é difícil quebrá-la", conta Elizabeth Reis, médica e coordenadora técnica do IQG, o Instituto Qualisa de Gestão.

"Agora que a gente discute tanto o engajamento do paciente e como trazê-lo ao centro do cuidado, a maior dificuldade é fazer o médico aceitar que ele não tem toda aquela autonomia, que o paciente não tem que obedecê-lo porque ele quer, que ele vai ter de articular e fazer o paciente entender as coisas. Isso já é uma mudança superimportante que a gente vem trazendo, vem discutindo, e ainda há muita resistência", diz a também ex-diretora hospitalar.

Trazer a qualidade para dentro dos hospitais pressupõe traduzir uma série de conhecimentos e torná-los acessíveis à equipe multidisciplinar que compõe a instituição. Muitas vezes, os próprios profissionais que trabalham no hospital desconhecem todos os riscos inerentes a esse ambiente, o que impede que entendam sua importância para o processo de implementação de qualidade e quais são as melhores práticas para evitar eventos adversos, como infecção hospitalar.

Flaviano Ventorim, atual conselheiro do Hospital Nossa Senhora das Graças, relembra sua experiência no início de carreira: "Vieram vinte pessoas [para a área da limpeza] e eu dei um treinamento sobre os riscos do trabalho de higiene do hospital. Mas, no outro dia, metade das pessoas não veio trabalhar porque ficou com medo, e elas me disseram que foi porque eu falei de vírus, bactérias... então, se não souber fazer essa tradução, em explicar para o profissional da limpeza que ele tem uma ligação direta com uma infecção que pode matar o paciente, não adianta". A disseminação do conhecimento para a mobilização e o engajamento das equipes é fundamental para a melhoria da qualidade: "A gente tem de traduzir todos os dias, de todas as formas, e isso é gestão".

O papel do gestor é, portanto, fundamental para estabelecer e disseminar a qualidade como norteador principal da prática assistencial. Essa premissa envolve, porém, um dilema: a dependência do gestor para a implementação da cultura de qualidade pode, por outro lado, gerar uma falha sistêmica, como Claudia Collucci, jornalista com mais de 20 anos de vivência no setor, testemunhou muitas vezes: "Eu canso de fazer matérias de projetos interessantes sobre gestão hospitalar e que envolvem, por exemplo, redução de mortalidade materna, de infecção hospitalar, das superlotações dos prontos-socorros públicos. Assim que eles [os hospitais] aplicam a metodologia, você tem resultados ótimos. Mas, quando acaba o projeto naquele lugar, tudo volta ao que era antes, não há continuidade. Se você não tem uma gestão que incorpore isso no corpo clínico, na enfermagem, no corpo geral de funcionários, aquilo se perde pela rotatividade".

A falta de profissionalismo das gestões e o alto '*turnover*' de profissionais do setor são fatores desafiadores, mas, isoladamente, não explicam por que a qualidade não avança no Brasil. Responsabilizar a falta de recursos também representa uma visão simplista, já que há desafios tanto no setor público quanto no privado, mesmo em hospitais de elite. O não entendimento sobre qualidade por parte dos pacientes, a ausência de transparência dos prestadores de serviço em relação aos desfechos e um sistema que não remunera qualidade atravancam a mudança, dificultando um debate com a seriedade que o assunto demanda.

Os pacientes, sejam conveniados a um plano de saúde, sejam usuários do SUS, disponibilizam de poucos recursos para realizarem sua escolha com base no critério de qualidade. Afinal, não há indicadores transparentes e comparáveis que sejam acessíveis à população. A indicação de um hospital acaba, geralmente, partindo dos próprios médicos: "Nós, como pacientes, como conveniados a um plano de saúde, não conseguimos ter acesso aos indicadores de um hospital para saber qual escolher para fazer uma cirurgia. A gente escolhe por ser o local onde o médico opera, ou porque você acha que é bom, mas não que você tenha uma lista de indicadores assistenciais, como taxa de infecção hospitalar, taxa de reinternação, uma série de coisas que você poderia utilizar para fazer uma escolha mais acertada", diz Claudia.

A falta de transparência em relação aos indicadores de qualidade impede que os usuários se apropriem desse tema e realizem escolhas pautadas por melhores desfechos assistenciais. Impede, ainda, que a sociedade pressione o setor por melhoria contínua. E esses paradigmas são especialmente insistentes no mundo da prestação de serviços de saúde, enquanto temos mais informações para a tomada de decisão sobre serviços muito menos sensíveis, como compara Sérgio Ricardo dos Santos: "Quando escolho um carro por aplicativo, eu analiso os resultados em cima de indicadores que me garantem que o desfecho é positivo. Consigo ver qual é a opinião de outras pessoas a respeito do serviço e se foi bom para elas. Então, a experiência está sendo testada". Nos hospitais, em contrapartida, não temos visibilidade sobre fatores relevantes para a entrega do serviço nem mesmo a experiência de outros usuários.

O consultor e médico pneumologista aponta para a falta de visão sistêmica do setor de saúde como um grande problema estrutural, que impede que a qualidade seja a premissa fundamental da assistência. Ele aponta ainda para a incoerência da lógica de remuneração, que não privilegia os melhores desfechos clínicos e é pautada somente por quantidade de eventos:

> *"O que a gente faz na saúde privada é gestão de eventos, de uma consulta, de uma internação, de uma análise de um exame clínico. A medicina privada brasileira — como a pública, mas, em especial, a medicina privada — é transacional. Não existe a visão da gestão de saúde ao longo da vida. (...) Se eu me interno num hospital por pneumonia, e se eu saio dessa internação morto ou curado, a instituição recebe a mesmíssima remuneração pelo evento".*

Nesse cenário, o paciente torna-se o insumo capaz de gerar receita. As salas de espera lotadas criam um estoque, como uma "unidade de negócio para a gestão de eventos para promoção de dinheiro e não para produção de saúde", conclui o médico. E essa dinâmica é exatamente oposta ao conceito fundamental de qualidade.

A definição de qualidade avança para além da conformidade com a finalidade, e é complementada com a noção de oferecer produtos e serviços capazes de gerar satisfação em seus clientes, e que esses produtos e serviços estejam livres de possíveis erros e defeitos, que gerem retrabalho e, portanto, onerem todo o sistema produtivo (Juran, 1998, p. 21). A qualidade está, ao mesmo tempo, a serviço dos melhores desfechos para os usuários e para o melhor resultado financeiro para os prestadores de serviço. Contudo, demanda uma visão sistêmica e de longo prazo.

"Quando se fala em evolução da qualidade, a gente avançou pouco ou quase nada, porque, na verdade, a gente continua tendo uma ineficiência estrutural e uma ineficiência clínica. É por isso que o sistema custa tão caro. Enquanto não se eliminar essa ineficiência, tanto clínica quanto estrutural, a gente não avança", alerta Mara Machado, sócia-fundadora e CEO do IQG – Instituto Qualisa de Gestão.

O que é (mesmo) a acreditação hospitalar

Utilizada em todo o mundo, a acreditação é um processo de garantia da qualidade, que estabelece um sentido de responsabilidade e clarifica papéis e atribuições dentro da estrutura organizacional. Embora, sozinha, ela não possa garantir um sistema de gestão da qualidade, a acreditação estimula a institucionalização e a sustentação dos ganhos de desempenho[1].

Para ir mais a fundo e definir a acreditação, tornou-se necessário identificar, primeiro, o que ela não é: um *checklist* a ser cumprido, uma ação de posicionamento de marca, uma chancela definitiva que, uma vez conquistada, encerra e coroa o trabalho da instituição em garantir a qualidade dos serviços prestados.

Trata-se, na verdade, de um processo externo pelo qual as operações das instituições de saúde são avaliadas por um órgão terceiro (uma instituição acreditada), a fim de determinar se os padrões aplicáveis ao modelo são atendidos. Em outras palavras, a acreditação é uma metodologia que serve como uma indicação de que a instituição atende a um conjunto específico de requisitos em um determinado momento.

Com a vigilância da acreditação, a melhoria contínua e a manutenção da conformidade devem ser buscadas ao longo do tempo, a partir de esforços regulares. Requer que as instituições avaliem criticamente visão, estratégias, prioridades, liderança, programas e recursos, criando uma orientação clara e convincente para a implementação de mudanças que conduzam à excelência.

A prática da acreditação começou a ser aplicada no Brasil no fim dos anos 1990, mas ainda apresenta baixa adesão e uma evolução tímida. Pesquisa realizada[2] pela UFRGS aponta que, entre 2017 e 2021, houve um aumento de 21,1% no número de hospitais acreditados no Brasil e, se-

1 Referência: https://iris.who.int/bitstream/handle/10665/363528/9789240055230-eng.pdf?sequence=1
2 Disponível em: https://www.scielo.br/j/ean/a/DzpsthZxQJHMdPSMcLFzRhs/. Acesso em 18 de janeiro de 2024.

gundo relatório da Anahp[3], apenas 7% dos hospitais brasileiros são acreditados. Em termos regionais, o panorama nacional da Acreditação elaborado pela UFRGS apresenta dados que endossam as desigualdades de acesso a serviços de qualidade na área da saúde, já que as acreditações estão concentradas em instituições privadas (75,8%) e, majoritariamente, na região sudeste (64,5%).

3 Disponível em: https://www.anahp.com.br/pdf/manual-desafios-qualidade-em-saude-no-brasil.pdf. Acesso em 18 de janeiro de 2024.

CAPÍTULO 5

Os desafios da governança clínica

"A alegria que senti na perspectiva diante de mim de ser o instrumento destinado a tirar do mundo uma das suas maiores calamidades foi tão excessiva que algumas vezes me encontrei em uma espécie de devaneio."

- Edward Jenner (médico inglês que administrou a primeira vacina para prevenção da varíola, uma das doenças mais temidas da época, no fim do século XVIII)

A área da saúde continuamente se beneficia da aplicação de conceitos e práticas advindos de outras indústrias e do campo da administração, como foi o caso da implementação da lógica de qualidade para a prática assistencial, como visto anteriormente. Outro exemplo, ainda, é o da governança. A premissa de *corporate governance* está diretamente ligada à proteção de riscos empresariais, e foi inaugurada, na saúde, em dezembro 1997, a partir da publicação do livro branco do NHS, o *National Health Service*, às vésperas do sistema de o saúde público do Reino Unido completar 50 anos[1].

Tony Blair, então primeiro-ministro, apontou, no documento, que estava inaugurada uma nova fase no sistema de saúde britâ-

1 Disponível em: https://assets.publishing.service.gov.uk/media/5a7c853740f0b62aff6c2405/newnhs.pdf. Acesso em 6 de janeiro de 2024.

nico, fundamentada em atendimento integrado: "Vamos poupar um bilhão de libras em burocracia para investir esse dinheiro em atendimento ao paciente na linha de frente. Pela primeira vez, a necessidade de assegurar cuidados de alta qualidade em todos os serviços de saúde será levada a sério. Os padrões nacionais de cuidado serão garantidos. Haverá um acesso mais fácil e rápido ao NHS quando você precisar. Nossa abordagem combina eficiência e qualidade com a crença na justiça e na parceria".

Em um contexto de modernização, reconhecia-se a necessidade de mudanças organizacionais para melhorar o atendimento à população e, ao mesmo tempo, trazer maior eficiência para os investimentos na área da saúde.

Um breve histórico do NHS

O *National Health Services* foi criado em 1948, no contexto do pós-Segunda Guerra Mundial, como um exemplo mundialmente conhecido de política de bem-estar social (*welfare state*). Fruto de quase um século de pressão popular, o sistema de saúde britânico inspirou a criação do SUS, no Brasil, e ambos apresentam os mesmos princípios: universalidade, equidade e integralidade. Porém, no Brasil, no momento da criação do Sistema Único de Saúde, o setor privado já era bastante representativo, diferentemente do cenário do Reino Unido.

Qualidade e eficiência foram as principais diretrizes dessa nova fase do NHS, e a governança clínica foi apontada como ferramenta para garantir que os padrões clínicos fossem atendidos, visando melhoria contínua e alinhamento com o compromisso de qualidade do sistema: "Planos de ação de governança clínica serão desenvolvidos em cada *NHS Trust* para garantir ênfase na qualidade"[2]. Com isso, o objetivo era reconstruir a confiança pública no sistema. Assim, o fato tornou-se um marco que, pela primeira vez, obrigava legalmente todas as instituições de saúde a buscar a melhoria da qualidade por meio de critérios definidos pelo governo.

O entendimento sobre governança clínica não estava plenamente estabelecido naquele momento, e alguns estudiosos, como Gabriel Scally e Liam Dolandson, apontam que sua definição foi por vezes considerada abrangente e pouco clara, até o momento em que a Organização Mundial de Saúde determinou os quatro princípios norteadores do conceito: *performance* profissional (qualidade técnica), utilização de recursos (eficiência), controle de riscos (riscos de lesão ou doença associados ao serviço prestado) e satisfação do cliente com o serviço prestado[3]. Ou seja, os melhores resultados para os pacientes seriam possibilitados por meio da melhor utilização dos recursos, a partir do aprimoramento técnico dos profissionais de saúde.

Em linhas gerais, a governança clínica desempenha papel duplamente fundamental: garantir a aplicação das melhores práticas assistenciais disponíveis e, ainda, a otimização dos recursos disponíveis. No Brasil, entretanto, há sérios entraves para a implementação desses pilares, que impactam diretamente na qualidade dos serviços oferecidos.

2 Idem. Disponível em: https://assets.publishing.service.gov.uk/media/5a7c853740f0b62aff6c2405/newnhs.pdf. Acesso em 6 de janeiro de 2024.
3 Disponível em: https://www.researchgate.net/publication/13634053_The_NHS's_50_anniversary_As_others_see_us_views_from_abroad_A_great_leap_for_humankind/link/53ecd5900cf23733e804cca1/download?_tp=eyJjb250ZXh0Ijp7ImZpcnN0UGFnZSI6InB1YmxpY2F0aW9uIiwicGFnZSI6InB1YmxpY2F0aW9uIn19. Acesso em 06 de janeiro de 2024.

Na prática, as governanças clínica e corporativa funcionam de forma apartada uma da outra, causando prejuízos financeiros e de qualidade, como narra Mara Machado: "O corporativo toma decisões desalinhadas da clínica. Quem decide a aquisição de produtos, por exemplo, é a área de compras, mas ela nunca pergunta para quem usa aquele insumo se ele é realmente melhor, se será bem utilizado, se diminuirá o tempo de internação, de infecção ou de permanência.

Corta-se custo corporativo, manda-se gente embora, mas o custo da saúde está na governança clínica, e não na corporativa. Cada mau uso dos recursos, como um dia a mais na internação, está nas mãos da governança clínica".

Uma visão meramente numérica ou financeira não é o suficiente para conseguir abranger a complexidade da dinâmica hospitalar e, em última instância, compromete o bom desempenho econômico, sem falar do impacto para a saúde dos pacientes. Por outro lado, a governança corporativa se beneficia quando há integração com a governança clínica, quando os profissionais de saúde são considerados nas discussões que são relevantes para a prática assistencial.

"A gente vive muitos dilemas durante a vida e, como administrador, você tem sob sua responsabilidade as decisões que vão nortear a conquista de mais ou menos qualidade para uma instituição de saúde, e também como o investimento trará retorno no curto, médio e longo prazos", afirma Sergio Ricardo dos Santos.

Ele enfatiza a importância de se investir em gestores que tenham formação específica para a atuação na saúde e relata que, como médico que se direcionou para a área administrativa, beneficiou-se muito desse conhecimento. Ainda assim, vivenciou uma série de dificuldades relacionadas à visão estritamente financeira e de curto prazo que ronda a gestão de uma instituição, uma realidade majoritária na saúde e que pode prejudicar discussões mais consistentes sobre qualidade

"No setor privado, a pressão por resultado imediato é muito grande. Se determinados investimentos não atendem aos retornos financeiros esperados no curto prazo, as opções que oferecem resultados de mais qualidade são, com frequência, desprezadas. Esse dilema foi marcante na minha vida, porque, como sou médico e docente, uma pessoa que teve o início da carreira pautado pelo exercício assistencial, fui doutrinado nas questões da qualidade assistencial na minha formação", conta Sergio Ricardo.

O médico chama atenção ainda para a falta de profissionais que dialoguem com esses dois mundos, o da governança corporativa e o da governança clínica. Geralmente, os gestores são "adaptados" da área médica para a área administrativa e, por isso, lhes falta o conhecimento relacionado à administração. Na outra ponta, estão profissionais puramente administrativos, que não têm a vivência na saúde para entender os impactos que as decisões podem causar na vida das pessoas.

A visão integrada pressupõe olhar para a saúde do paciente de maneira holística e de longo prazo, e entender a lógica de custos nesse contexto, o que ainda é bastante distante da prática da maioria dos prestadores de saúde no Brasil. "As operadoras acham que restringir o acesso é um grande negócio, pois trabalham com metas mensais — 'esse mês já fechei minha meta, não posso internar mais ninguém'. Mas quando o paciente voltar no mês seguinte, ele, que custava 10 reais, vai custar 20 reais. Elas controlam a sinistralidade pelo bloqueio do acesso sem perceberem os impactos futuros", afirma a sócia-fundadora do IQG.

Uma questão de decisão ou de protocolo?

Um dos princípios da governança clínica capaz de melhorar o desempenho do profissional da saúde em prol da melhor utilização de recursos financeiros para o bem do paciente é a chamada medicina baseada em evidência (MBE) — ou, no inglês, *evidence-based medicine.* Historicamente, a prática foi citada pela primeira vez em 1992, no Canadá[4], embora seus fundamentos datem de 1950, a partir das iniciativas de Archie Cochrane, pesquisador e médico, que já apontava, naquele momento, que os recursos na área da saúde são limitados e que devem ser utilizados para proporcionar cuidados que tenham se mostrado de fato efetivos[5].

Na prática, a médica e gestora Elizabeth Reis evidencia os benefícios trazidos pela MBE e como era o cenário hospitalar antes de sua implementação:

> *"A medicina baseada em evidências surgiu como uma forma de normatizar as práticas, pois cada médico trazia sua experiência pessoal, que não tinha embasamento científico, e reproduzia porque tinha dado certo. Era um autoaprendizado".*

4 *The Evidence-Based Medicine Working Group*, formado por professores de epidemiologia clínica, informática médica e bioestatística da Universidade McMaster, no Canadá. Disponível em: https://repositorio.ipea.gov.br/bitstream/11058/10830/1/td_2696.pdf. Acesso em 08 de janeiro de 2024.
5 Disponível em: https://www.cochrane.org/pt/about-us/difference-we-make. Acesso em 08 de Janeiro de 2024.

Cada médico elaborava, dessa maneira, seu protocolo pessoal, trazendo impactos críticos para as instituições: "Essa variabilidade [de tratamentos] encarecia o serviço, porque o hospital precisava ter inúmeros medicamentos, já que cada médico queria usar o seu esquema. Isso era prejudicial para a gestão como um todo".

Ela reforça, no entanto, que os protocolos — os *guidelines* — trazem os níveis de evidência científica e que, portanto, não deveriam "engessar" a prática médica, e sim permitir a disseminação de práticas comprovadamente eficientes a partir de resultados científicos consistentes mundialmente. "Tenho de usar meu conhecimento, minha experiência e as boas práticas das diretrizes clínicas para fazer uma boa escolha".

MBE: conceituar para não deturpar

A MBE refere-se a "um conjunto de princípios e métodos com o propósito de assegurar, na maior extensão possível, que as decisões médicas, as diretrizes [*guidelines*] médicas e outros tipos de políticas estejam baseadas e consistentes com boa evidência sobre a efetividade e benefícios" (Eddy, 2005, p. 16). Esse movimento proporcionou um grande incremento da prática médica embasada nas melhores e mais atuais evidências, produzidas nacional e internacionalmente. Representa uma mudança significativa na base informacional que está à disposição dos profissionais de saúde, que "passam da consulta aos manuais tradicionais para a consulta às mais recentes revisões sistemáticas acerca de uma dada questão.

Em sua própria linguagem, a MBE enfatiza a necessidade de dar atenção àquilo que funciona'. Contudo, o que funciona, nesse caso, não é ajuizado de acordo com a opinião de cada pesquisador, mas com base nos resultados obtidos pelo conjunto dos estudos experimentais sobre o assunto, devidamente avaliados do ponto de vista de sua relevância bioestatística. O intento por trás da ênfase 'naquilo que funciona' é o de acentuar a necessidade de elevar o grau de cientificidade da tomada de decisão por parte do médico", destaca o relatório do IPEA sobre o assunto[6].

Mara Machado, por sua vez, ressalta que os protocolos clínicos representam uma forma de estruturar as melhores evidências científicas, mas que não representam "obrigações", e sim recomendações para apoiar o raciocínio clínico:

"Infelizmente, no Brasil, entendeu-se de forma errada a estrutura de formatação do protocolo, e acabamos fazendo dele uma 'ordem de serviço' para os profissionais da saúde".

Muitos deles acabam, por fim, aplicando os protocolos predeterminados sem levar em consideração a pertinência para cada paciente: "É uma tristeza quando se utiliza uma ferramenta tão importante, num sistema tão complexo, dessa forma. Porque, para trazer o paciente para o centro, eu preciso de um maior número de boas práticas para atender àquela expectativa".

6 Disponível em: https://repositorio.ipea.gov.br/bitstream/11058/10830/1/td_2696.pdf. Acesso em 08 de janeiro de 2024.

Além disso, Mara aponta para a dificuldade dos profissionais em deixar antigas práticas e crenças de lado em prol de novas e mais embasadas evidências: "Todos os dias, a indústria de produção de bancada da ciência produz coisas novas, mas o profissional precisa se desapegar de crenças, valores, todo um conhecimento cognitivo prévio para que ele possa incorporar essa mudança". E não há nada de fácil ou rápido nisso. Segundo a sócia-fundadora do IQG, as boas práticas demoram, em média, 17 anos para serem incorporadas — de acordo com o estudo *Managing Clinical Knowledge for Health Care Improvement*[7].

A prática baseada em evidências, como a conhecemos hoje, nasceu em um contexto de poucos recursos tecnológicos, o que dificultava a leitura e análise comparativa de todas as informações disponíveis. Atualmente, a tecnologia oferece ferramentais capazes de ajudar na disponibilização dos dados, o que acelerou intensamente a produção de novos conhecimentos médicos e levou o setor a um novo patamar, de maior rapidez e assertividade, em termos de produção e difusão de conhecimento científico.

Mas não são apenas as tecnologias médicas que impulsionam a qualidade. Na integração entre governança clínica e governança corporativa, o arsenal tecnológico também tem suas particularidades — sobre as quais nos debruçaremos a seguir.

REFERÊNCIAS BIBLIOGRÁFICAS

Balas. E. A. e Boren, S. A. *Managing Clinical Knowledge for Health Care Improvement.* Inglês (Americano). Disponível em: https://pubmed.ncbi.nlm.nih.gov/27699347/

7 Disponível em: https://pubmed.ncbi.nlm.nih.gov/27699347/. Acesso em 08 de janeiro de 2024.

Eddy, D. M. *Evidence-Based Medicine: a Unified Approach.* Inglês (Americano). Health Affairs, v. 24, n. 1, p. 9-17, jan.–fev. 2005.

Scally G., Donaldson LJ. *Clinical governance and the drive for quality improvement in the new NHS in England.* Inglês (Americano). BMJ, 1998; 317(7150) p. 61–65.

Health Services Circular (March 1999): Clinical Governance. Quality in the new NHS. Inglês (Americano). Disponível em: http://www.dh.gov.uk/prod_consum_dh/groups/dh_digitalassets/@dh/@en/documents/digitalasset/dh_4012043.pdf [acessado em 19/07/2010].

Health Service Circular - NHS Executive

Pinheiro, M. M. S. e Nogueira, R. P. *Medicina baseada em Evidências: uma Interpretação Crítica e Implicações para Políticas Públicas.* IPEA, Brasília, 2021. Disponível em: https://repositorio.ipea.gov.br/bitstream/11058/10830/1/td_2696.pdf

Health Service Circular - NHS Executive. Inglês (Americano). Disponível em: https://webarchive.nationalarchives.gov.uk/ukgwa/20130107105354/http://www.dh.gov.uk/prod_consum_dh/groups/dh_digitalassets/@dh/@en/documents/digitalasset/dh_4012043.pdf

https://assets.publishing.service.gov.uk/media/5a7c853740f0b62aff6c2405/newnhs.pdf

CAPÍTULO 6

O impacto das tecnologias digitais na qualidade — e vice-versa

No fim do dia, temos de passar de uma situação em que os cuidados são organizados no hospital ou na clínica, para nos perguntarmos onde eles estão organizados em torno das pessoas que os utilizam.

- Peter Lachman

Foi no porão do Hospital das Clínicas da Faculdade de Medicina da USP (HCFMUSP), em 1990, ao lado do Serviço de Verificação de Óbitos, que surgiu o departamento de informática da instituição, que tinha responsabilidades estritamente administrativas — consolidar toda a produção do hospital, gerenciar o faturamento e encaminhar as atividades para o recém-criado SUS. Foi assim que Jacson de Barros, então gestor da nova área, envolveu-se com a prática assistencial do HC e começou a perceber, desde os primórdios da aplicação da tecnologia no setor, as possibilidades de utilização dos recursos digitais para os serviços na saúde.

Naquele momento, vivia-se aquela que ficou conhecida como saúde 2.0 — o início da digitalização das informações, tanto administrativas quanto as relacionadas aos pacientes, com o surgimento dos *Electronic Health Records* (EHRs), ou Registros Eletrônicos de Saúde. Pode-se entender que essa fase inicial da adoção de tecnologia já apontava para o atendimento centrado no paciente, por meio dos prontuários eletrônicos e da disponibilidade de informações de forma clara, legível, segura e constante.

A digitalização representou um importante primeiro passo para possibilitar um olhar perene sobre o histórico de saúde do paciente e para o registro, em prontuário, de tudo o que acontece com ele. Entretanto, desafios práticos que perduram até hoje, como a integração de diferentes sistemas, a falta de padronização de nomenclaturas e dificuldades de preenchimento das informações pelas equipes, apenas para citar alguns deles, emperram a jornada digital do paciente no sistema de saúde.

A realidade brasileira na implementação do RES

Em uma revisão sistemática sobre a implementação dos Registros Eletrônicos em Saúde (RES), publicada em 2020[1], apontou-se para a baixa adesão à utilização do e-SUS Atenção Básica, lançado em 2013 pelo Ministério da Saúde, e para a utilização de ferramentas desenvolvidas de forma terceirizada: "De acordo com o panorama nacional de implantação de prontuário eletrônico do MS em outubro de 2017, dentre as 42,7 mil Unidades Básicas de Saúde (UBS) em funcionamento distribuídas em 5.564 municípios, apenas 18.284 UBS utilizavam o prontuário eletrônico (3.643 municípios). Nesses municípios, o e-SUS foi adotado em 8.764 UBS (2.572 municípios), enquanto

1 Disponível em: https://www.scielo.br/j/csc/a/6V8wyd45cgZQ3ZjXBWXSprv/. Acesso em 15 de janeiro de 2024.

9.520 UBS utilizavam sistemas próprios ou contratados de terceiros. Em 2019, o número de UBS com prontuário eletrônico (e-SUS ou outro Prontuário Eletrônico do Paciente) implantado subiu para 23.814", destaca o estudo.

O Registro Eletrônico em Saúde (RES) é uma ferramenta essencial para evidenciar a realidade sanitária de um país, fornecendo informações sociodemográficas relevantes para a prática assistencial individual e coletiva, que podem direcionar ações de controle, medidas preditivas e criação de políticas públicas em geral. A tecnologia pode ainda permitir mais eficiência ao atendimento do paciente, disponibilizar mais tempo para que os enfermeiros realizem atividades de cuidado e melhorar a comunicação entre equipes. Já do ponto de vista de gestão, o uso dos prontuários eletrônicos auxilia a tomada de decisão para condutas individuais e possibilita a melhoria do planejamento de ações e otimização de recursos.

Ainda que a utilização sistemática do RES seja uma realidade distante em grande parte do Brasil, o avanço, quando aplicado, é notável e permite que os dados referentes aos pacientes e suas internações se tornem disponíveis em tempo real, ampliando o acesso às informações, algo impensável quando comparamos com prontuários e registros feitos em papel. "Quando a informação é digital, bem ou mal eu consigo ler e identificar, inclusive, a falta de informação, um campo que não foi preenchido. A digitalização na saúde auxilia para que se aprimore o sistema e se monte *benchmarks*", diz Barros, que durante mais de 30 anos atuou como CIO do Hospital das Clínicas, experiência que o alçou ao cargo de diretor do DataSUS, em 2019.

A qualidade se beneficia do uso da tecnologia no sentido de dar maior visibilidade a informações que antes ou não existiam ou estavam indisponíveis. Entretanto, para que os recursos tecnológicos alcancem seu potencial máximo como aliados no atendimento à saúde, é fundamental que haja intercâmbio de informações, o que é dificultado pela dinâmica assistencial brasileira, de natureza historicamente compartimentada. O sistema público não é único nem mesmo independente do sistema privado. Com o objetivo final de oferecer a melhor assistência aos pacientes, ambos se favoreceriam da troca de informações. O que se vê, entretanto, é que as informações produzidas por uma instituição de saúde raramente se encontram disponíveis para serem utilizadas por outras equipes de atendimento.

Mesmo dentro da saúde pública, que possui um desenho estrategicamente estruturado, há dificuldade de comunicação. Os diferentes níveis de atenção — primária, especializada, farmacêutica e vigilância sanitária — não são capazes, na prática, de dialogar sobre a saúde do paciente. “Eles não se conversam, são mundos diferentes. E se eu não conseguir fazer com que esses profissionais se conversem, não consigo implantar saúde digital nem digitalizar a jornada de uma pessoa, ou garantir que ela saia da atenção primária e vá para a atenção especializada, nem que o profissional da atenção especializada conheça a história da dona Maria. Ele só conhece a fotografia, mas não o filme da paciente”, diz Jacson, ao retratar a realidade de muitos usuários do SUS que ele acompanhou durante sua trajetória no Hospital das Clínicas. Ele continua:

“A Dona Maria saiu às 4:00 da manhã lá de Parelheiros para ter uma consulta às 7:00 no Hospital das Clínicas. Não

tomou café, pegou chuva, passou frio e está lá, de manhãzinha. Só quem estava lá na frente viu (...). No dia a dia, o que o paciente quer é não ficar cinco horas na fila, com fome e com as pernas doendo, porque está demorando para ser atendido numa fila. É isso que, no fim do dia, importa".

Segundo Ramon Alfredo Moreno, pesquisador da área de informática do InCor, a interoperabilidade visa não somente a troca de informações entre sistemas, mas, especialmente, sua utilização. Esse mecanismo permite que os profissionais da área da saúde tenham uma visão holística do paciente e todo o seu histórico, além de facilitar a atuação desses profissionais e "permitir que seja utilizado todo o arsenal computacional desenvolvido ao longo dos anos para o processamento dos dados do paciente, gerando alertas, notificações e lembretes"[2]. As vantagens são muitas, mas de difícil implementação.

Um dos motivos é que os sistemas não são naturalmente interoperáveis, impedindo que as informações sobre os pacientes sejam acessadas por diferentes lugares. Soma-se a isso o desafio de se ter acesso às informações relacionadas às estruturas de cuidado hospitalar, como quantidade de leitos disponíveis ou mesmo número de médicos para esses leitos, o que ficou bastante evidente durante a pandemia de Covid-19 e o colapso do sistema de saúde.

À frente do DataSUS, Barros vivenciou na prática os impasses relacionados ao acesso de informação: "Deram a ideia de monitorar leitos mandando uma planilha de Excel para

2 Disponível em: https://docs.bvsalud.org/biblioref/2017/02/831874/editorial.pdf. Acesso em 16 de janeiro de 2024.

cada município: 'ah, coloca aqui a quantidade de pacientes internados'. Só o fato de essa planilha chegar a cada município (são 5.700 em todo o país) e depois voltar para o ministério, já se passaram duas semanas, aquele número já foi. Estou dando um exemplo básico sobre como a gente não sabe compartilhar informação. A gente não tinha mecanismo para isso, para se comunicar com eficiência".

Para o ex-diretor do DataSUS, ampliar o acesso e garantir a comunicação em todos os pontos de atenção foram os elementos-chave das propostas enquanto esteve à frente da área, no Ministério da Saúde. "As pessoas saem do interior para as suas capitais para fazer uma tomografia, uma ressonância, porque têm dificuldade de acessar o serviço. Então, eu poderia pegar um *pull* de pacientes, conhecendo esse grupo, e marcar todas as consultas e exames deles no mesmo dia, para que façam uma viagem só. (...) Eu preciso me aproximar para resolver o problema e, quanto mais eu conheço a minha população, melhor consigo mapear os *gaps* e preenchê-los. A saúde digital é uma grande aliada nisso".

Se trazer o paciente para o centro representa uma intenção na saúde 2.0, esta torna-se uma premissa na saúde 3.0 — que remonta aos anos 2000 e entende que o registro digital deve, além de estar disponível ao paciente, também deve ser produzido por ele, dando-lhe maior autonomia — e na saúde 4.0. Esta última incorpora avanços tecnológicos como o uso da inteligência artificial para personalizar as informações do paciente, e parte da premissa que os registros não somente sejam acessíveis, mas também estejam contidos em plataformas interoperáveis. Embora essa categorização não tenha um claro e único embasamento conceitual, sendo termos que navegam pelo mercado na tentativa de se compreender e organizar melhor a evolução tecnológica na saúde, essa medição propicia um fator comparativo útil para o setor.

De acordo com essa lógica, em termos práticos, o Brasil ainda escorrega na tentativa de implementar os princípios da saúde 2.0 e posicionar o cliente no centro da prática assistencial, como atesta o ex-CIO do HC:

> *"A gente tem um discurso centrado no paciente, mas não faz isso, de fato. A gente dificulta a vida do indivíduo".*

Ele conta sobre um episódio que vivenciou dentro de uma empresa em que as informações de saúde dos colaboradores eram armazenados em sistema, com o intuito de que todos pudessem acessar os seus dados médicos. "Havia um portal com toda a jornada do colaborador como paciente. Bonito pra caramba, um negócio maravilhoso. 'Mas e se ele perder o emprego, como ele entra na plataforma?', eu questionei. O pessoal parou. Disseram: 'Jacson, a gente nunca pensou nisso'. Na prática, a saúde não é centrada no paciente, é centrada na plataforma do cliente".

A saúde digital pode dar mais autonomia ao usuário, além permitir que se conheça melhor a jornada do paciente e, com base nesse conhecimento, melhorar sua experiência e a qualidade do atendimento. De um ponto de vista mais amplo, pode proporcionar que se criem políticas públicas adequadas e assertivas para as diferentes realidades e perfis populacionais do país. Mas, para que isso aconteça, é preciso utilizar a tecnologia com o objetivo de gerar indicadores claros e acionáveis, que sejam capazes de direcionar ações.

Uma informação acionável, como explica Barros, significa que "eu vou ler aquela informação, aquele indicador, e tomar uma decisão. Se eu crio um indicador e não tomo uma decisão, ele não faz sentido nenhum. Precisamos muito aprender a compartilhar informação de saúde, a criar indicadores acionáveis para medir desperdício, para medir a entrega de uma proposta de valor, de melhoria de processo".

Do contrário, corre-se o risco de criar apenas uma "burocracia ágil", ou seja, sistemas tecnológicos que aumentam os processos administrativos da prática assistencial, mas não necessariamente conseguem aprimorar a qualidade do atendimento aos pacientes e facilitar a vida dos profissionais da área. A tecnologia, para isso, deve ser simples e estar incorporada à prática diária, favorecendo a execuções de ações.

Se, por um lado, ainda estamos engatinhando no sentido de utilizar sistemas de informação que sejam interoperáveis e capazes de gerar indicadores acionáveis, por outro lado vemos a incorporação de tecnologias de uso diário, como o WhatsApp, na prática assistencial. Aplicativos e videochamadas foram fundamentais durante o período de isolamento da pandemia da Covid-19, por exemplo, e demonstraram seu potencial de oferecer atendimento seguro aos pacientes, evitando idas desnecessárias aos hospitais.

Peter Lachman, ex-CEO da IQSA (*International Society for Quality in Healthcare*), enaltece o uso de aplicativos e dispositivos móveis, como os *smartwatches*, para essa finalidade: "Há muitas coisas que podem ser feitas virtualmente e diminuir a necessidade de ir ao hospital, se eu conseguir realizar o monitoramento da minha casa, transmitindo informações para a instituição de saúde". Entretanto, o médico ressalta a importância de se definir padrões claros de qualidade para atendimentos proporcionados pela telemedicina, por exemplo, como está ocorrendo na União Europeia: "É preciso treinar as pessoas, observar e medir os resultados, garantir que se forneça cuidados centrados no indivíduo e que sejam seguros. Esse é um movimento recente. O que aconteceu é que, com a Covid, as pessoas tiveram de migrar rapidamente para a telemedicina sem ter estruturas para isso".

O médico irlandês destaca ainda que é preciso alterar toda a lógica do sistema, incluindo a dinâmica de remuneração, para além da presença do paciente no hospital: "Mais uma vez, o grande problema aqui são as estruturas de financiamento, que pressupõe que você seja pago quando atende um paciente. O hospital é pago quando a pessoa está presencialmente lá. Quando não está, o pagamento não é tão bom. Então, não há incentivo para que se mude para uma nova forma de trabalhar, porque o sistema de pagamento é muito antiquado".

A saúde digital, globalmente, apresenta desafios para sua implementação, mas seus benefícios são concretos. O Brasil, por seu histórico, tamanho e complexidade, aponta para a necessidade de centralização de dados. Nesse sentido, torna-se importante implementar políticas públicas que favoreçam a transparência das informações, para que possam gerar ações efetivas em relação à melhoria da qualidade assistencial, com o suporte estratégico que a tecnologia pode aportar.

CAPÍTULO 7

Políticas públicas: articulação entre os serviços

Sabemos, então, que a medicina baseada em evidência (MBE) é capaz de sistematizar e disponibilizar, diariamente, dados consistentes e atualizados de melhores práticas, que, em última instância, são capazes de oferecer respostas mais eficientes em prol da qualidade clínica. Sabemos que a tecnologia pode ser uma aliada fundamental nesse processo, viabilizar eficiência e transparência, e favorecer o acesso à saúde e o protagonismo do paciente — qualidade da gestão da qualidade. Monta-se um cenário bastante favorável para que isso se torne uma realidade, com melhor gestão de recursos por parte das instituições e melhor qualidade clínica.

Mas o fato é que, no Brasil, a promessa de saúde para todos, como um dever do Estado, não consegue ser integralmente cumprida. As disparidades regionais se apresentam tanto na saúde pública, quanto na suplementar, provando ser a falta de acesso e os baixos padrões de qualidade problemas estruturais do setor. A resolução desse impasse exige, portanto, a definição de políticas nacionais para equalizar os serviços oferecidos, a partir de parâmetros claros e medidas institucionalizadas sobre o que é qualidade e quais as melhores práticas assistenciais que devem ser garantidas a toda população.

Elizabeth Reis, que em sua trajetória profissional enfrentou os desafios de gestão hospitalar fora do eixo Rio de Janeiro - São Paulo, corrobora: "Será muito difícil dar passos largos no Brasil enquanto não tivermos uma definição clara, mínima, do que é qualidade em saúde. Isso requer uma política de saúde, não só uma publicada no Diário Oficial, mas implementada, com um sistema que acompanhe e garanta que os parâmetros definidos sejam realmente praticados. Mas a gente sabe das nossas dificuldades".

A compartimentalização do sistema de saúde do Brasil, que abrange o SUS e a saúde suplementar, representa um entrave prático para que haja uma centralização de diretrizes, especialmente na ausência de uma política clara que as defina. "As tentativas de melhorar a qualidade dos cuidados têm sido muitas vezes sustentadas por uma compreensão biomédica da qualidade — o padrão ouro de qualidade orientado por diretrizes clínicas, o que leva a um enfoque restrito, eximindo a gestão da sua responsabilidade", explica Mara Machado. "Essa falta de diretrizes claras foi criando alguns remendos dentro do sistema, mas temos órgãos reguladores [como ANS e Anvisa] com poder regulatório e que não estão alinhados com aquilo que é qualidade de saúde para a população".

Abordagem da segurança do paciente no nosso sistema

Em 2013, foi a criada a resolução número 36[1] com o objetivo de "instituir ações para a promoção da segurança do paciente e a melhoria da qualidade nos serviços de saúde". Essa resolução traz definições relacionadas à segurança do paciente, como evento adverso, dano, gestão de riscos, entre outras. Estabelece também a criação de Núcleos de Seguran-

1 Disponível em: https://bvsms.saude.gov.br/bvs/saudelegis/anvisa/2013/rdc0036_25_07_2013.html . Acesso em 20 de janeiro de 2024.

ça ao Paciente nos prestadores de serviço de saúde e normas para o monitoramento e a divulgação de eventos adversos à Agência Nacional de Vigilância Sanitária (a Anvisa):

- A notificação dos eventos adversos, para fins dessa Resolução, deve ser realizada mensalmente pelo NSP, até o 15.º (décimo quinto) dia útil do mês subsequente ao mês de vigilância, por meio das ferramentas eletrônicas disponibilizadas pela Anvisa.

- Os eventos adversos que evoluírem para óbito devem ser notificados em até 72 (setenta e duas) horas a partir do ocorrido.

A estrutura da resolução número 36 traz o entendimento de que qualidade do cuidado se baseia no controle de eventos. Estas e outras não conformidades são apontadas à Anvisa, entretanto, não há a aferição do que esses eventos representam em relação à totalidade de serviços prestados pela instituição envolvida. Isso quer dizer, na prática, que não é possível calcular, a partir dessas notificações, qual a taxa de infecções hospitalares de um determinado hospital, por exemplo. E não há obrigatoriedade em relação a isso. Alguns hospitais, por iniciativa própria, chegam a divulgar seus índices, mas esse é um número ínfimo frente à realidade brasileira.

Muitas instituições, apesar de deterem essas informações, não as tornam publicamente disponíveis, o que impede que a discussão sobre qualidade seja incorporada à rotina dos usuários e também que as escolhas sejam cada vez mais pautadas por dados concretos relacionados à eficiência e qualidade de atendimento das instituições. “Se os hospitais fossem obrigados a informar todos os seus dados assistenciais, as pessoas se conscientizariam da importância que é ter um programa de qualidade, a importância que é ter uma certificação. Mas a gente ainda não fala, e, por outro lado, isso também não é visibilizado, porque ninguém quer mostrar. Os hospitais não querem abrir as suas taxas e, se não houver uma cobrança de quem paga isso, seja SUS, seja plano de saúde, vai continuar assim”, ressalta a jornalista Claudia Collucci.

Ter indicadores clínicos de qualidade que sejam claros e estabelecidos nacionalmente é fundamental, já que as definições e abordagens de medição existentes da qualidade dos cuidados de saúde muitas vezes não conseguem contemplar as complexidades envolvidas nesses processos. Atualmente, os usuários do sistema de saúde direcionam suas escolhas com base em percepções pouco objetivas do que é qualidade, pois não há indicadores clínicos disponíveis para impulsionar sua decisão.

Aqui refletimos sobre a natureza da qualidade, como as percepções sobre ela influenciam os sistemas de saúde e o que tais entendimentos indicam sobre a medição desse processo. É preciso discutir os desafios específicos relacionados à conceituação e aferição da qualidade do atendimento — qualidade percebida como impulsionador da utilização do serviço, como conceito moldado ao longo do tempo por meio da experiência, tendo a capacidade de resposta como atributo-chave e estabelecendo o papel essencial da gestão.

A qualidade dos cuidados precisa ser entendida a partir do contexto social, dos relacionamentos, da confiança e dos valores. Para além da melhoria da qualidade técnica, é preciso também fortalecer os níveis de confiança entre pacientes e prestadores de serviço. E essa relação somente se estabelecerá a partir do momento em que houver clareza sobre o que é qualidade clínica. Uma melhor compreensão de todos os atributos de qualidade nos sistemas de saúde e das suas interrelações pode apoiar a expansão do acesso e o entendimento sobre procedimentos e intervenções essenciais de saúde.

Pequenos centros, grandes expectativas

Além da falta de indicadores clínicos objetivos, transparentes e acessíveis a toda a população, há também a dificuldade de se implementar um processo de fiscalização que seja realmente idôneo. A lógica municipalizada oferece desafios em termos de lisura para a garantia dessa atividade, especialmente em cidades pequenas: "Em um município pequenino, onde todo mundo se conhece e estudou junto, como um vai fiscalizar o outro? Não temos uma política nacional de qualidade, não temos diretrizes claras sobre o assunto, as agências tinham de ter esse papel. 'Olha, eu dou o alvará provisório, mas se adéquem, volto daqui seis meses para vocês se adequarem'. É um conflito muito grande, sem falar na possibilidade de corrupção", questiona a médica Elizabeth Reis.

Com 5.570 municípios, o Brasil enfrenta sérios dilemas em relação à oferta de serviços de saúde em regiões pequenas e distantes dos principais centros urbanos: "A gente visita um banco de sangue remoto, longe de tudo, e se pergunta como aquilo está funcionando. Perguntamos para a vigilância sanitária e ela fala 'não tem outro, se a gente fechar, vai ser pior'. Mas não tem mão de obra, não tem estrutura. Toda a logística de suprimentos é muito difícil, temos realidades bastante complicadas. Tem de haver uma política que garanta a logística para funcionar, de como a população vai ter acesso, que não seja uma coisa bonita somente no papel, em que nada acontece", complementa.

Do ponto de vista da realidade hospitalar, 67%[2] dos hospitais brasileiros são de pequeno porte, com menos de 50 leitos. As proporções reduzidas dessas infraestruturas são normalmente justificadas pelas dificuldades financeiras e pela impossibilidade de garantir economia de escala nessas situações. Esses hospitais apresentam um problema ainda maior: alcançar padrões adequados de qualidade dentro de estruturas reduzidas: "A escala traz uma questão de competência que não se consegue ter em qualquer lugar", aponta a CEO do IQG.

Mara cita o exemplo do Reino Unido: "Eles criaram polos de especialidades de atendimentos. Um hospital de referência tem demanda para especializar profissionais e melhorar sua competência. Mas, quando isso é pulverizado, ou seja, quando o profissional faz poucos atendimentos, não é possível desenvolver a relação da competência por escala". É fundamental garantir a logística para que todos possam ter acesso a atendimentos de alta qualidade, a uma distância adequada, trabalhando dentro da lógica da regionalização, para encontrar dentro dessas redes onde há condições de colocar essas grandes especialidades.

O exemplo da qualidade assistencial no Reino Unido

Em 1997, o governo britânico propôs uma reforma do NHS, que foi implementada em 1999. A mudança nasceu da percepção de que havia disparidades de qualidade de

2 Disponível em: https://www.impacto.blog.br/administracao-publica/hospitais-de-pequeno--porte-que-sao-maioria-no-brasil-poderiam-garantir-maior-retorno-ao-sistema-de-saude/. Acesso em 22 de janeiro de 2024.

atendimento nas diversas regiões do país, e também a partir da demanda de tornar o sistema mais eficiente e com melhor aproveitamento de recursos.

Dentre as propostas de reforma, destacou-se a regulação estatal que estabelecia os padrões de qualidade a serem atendidos e o controle sobre a atuação dos hospitais, com o objetivo de minimizar as disparidades regionais. Tudo isso com o monitoramento constante da atuação dos prestadores de serviço e eventual suspensão de atendimento em caso de não adequação aos parâmetros definidos.

As mudanças passaram também pela profissionalização dos cargos de gestão, que deixaram de ser exercidos por médicos sem especialização e bagagem na função. Como resultado, "essas mudanças possibilitaram maior controle e transparência dos custos, e promoveram um aumento da eficiência dos serviços que eram prestados — como exemplo, pode-se citar a redução na taxa de permanência de pacientes nos hospitais"[3].

Eficiência e qualidade foram as diretrizes que nortearam as mudanças realizadas no NHS. Segundo o artigo *Sistema Nacional de Saúde britânico: trajetória de reformas, 1990–2002*[4], a "criação da Comissão de Melhoria da Saúde e do Instituto Nacional de Excelência em Saúde e Assistência (Nice - *National Institute for Clinical Excellence*[5]) exerceu um papel fundamental para a construção de um modelo mais centralizado de gestão e com o estabelecimento de diretrizes de saúde nacionais".

3 Disponível em: https://www.scielo.br/j/sausoc/a/4kkNZPj5KRqzXpgzMNPfdSw/?format=pdf&lang=pt. Acesso em 22 de janeiro de 2024.
4 Disponível em: cadernos.ensp.fiocruz.br/csp/pages/iframe_print.php?aid=1400#C4. Acesso em 24 de janeiro de 2024.
5 Disponível em: https://www.nice.org.uk/. Acesso em 22 de janeiro de 2024.

O instituto atua de forma a centralizar e disseminar melhores práticas, incluindo novas tecnologias e medicamentos. Além disso, analisa o impacto financeiro dessas inovações em relação a seu custo/benefício, favorecendo a transparência em relação aos recursos investidos na área da saúde no país.

"Está mais do que na hora de criarmos um órgão semelhante ao Nice, capaz de indicar as estratégias mais inteligentes para a aplicação dos parcos recursos destinados à saúde. (...) Desde sua instalação, o instituto tem mantido independência e distanciamento das pressões exercidas por órgãos governamentais, corporações de profissionais, organizações de pacientes e os interesses da indústria", argumenta o médico Drauzio Varella[6].

Os desafios históricos apresentados pelo Reino Unido, que possui um sistema de saúde mais antigo e estruturado que o brasileiro, demonstram que as disparidades de atendimento assistencial facilmente aumentam na ausência de diretrizes legais claras e de políticas públicas que orientem a homogeneização dos serviços prestados. A dimensão do Brasil e sua realidade compartimentalizada e sobreposta entre sistemas público e privado evidenciam a importância de práticas capazes de centralizar e orientar a atuação assistencial, e revelam a importância de todos os atores para garantir que caminhemos em direção à melhor qualidade assistencial e utilização de recursos.

6 Disponível em: https://drauziovarella.uol.com.br/drauzio/nice-national-institute-for-clinical-excellence/. Acesso em 23 de janeiro de 2024.

CAPÍTULO 8

Além da bolha: a tradução do conhecimento para quem importa

"As resistências estão nas zonas de conforto e não são explícitas, e esse é o problema."

\- Tatsuo Iwata

Para que a temática da qualidade avance de forma consistente e passe a ser central nas propostas de entrega de valor aos usuários, é imprescindível que essa discussão extrapole o universo da gestão hospitalar. Isso não quer dizer, de maneira alguma, que a qualidade já esteja estabelecida no campo administrativo, mas que outros públicos de interesse se beneficiariam de todo o ecossistema ao terem maior conhecimento sobre o assunto, passando também a pautar suas próprias escolhas e exigências a partir do olhar da qualidade.

"Plano de saúde é o segundo maior gasto das empresas, depois do salário. É uma decisão tão importante que não pode ficar só na mão do gestor de recursos humanos. Essa é uma decisão de CFO e, às vezes, você tem também um gestor de benefício para isso", aponta Gilmara Pereira Espino, ao relembrar ações desenvolvidas em parceria com o IQG junto a empresas de diversos setores, com o objetivo de conscientizar os profissionais envolvidos na contratação de planos de saúde sobre os impactos dessa escolha.

Entre os principais tópicos abordados durante a iniciativa, estava a relação entre oferecer planos de saúde com prestadores de serviços qualificados e o bem-estar e a produtividade dos funcionários: "Quando você [empresa] estiver negociando o plano de saúde para os seus colaboradores, aprenda a qualificar a rede credenciada que está sendo oferecida. (...) Se você, gestor de RH, tiver o seu funcionário sendo tratado em um hospital que zela pela segurança do paciente, que zela pelos custos e que não quer desperdício, você vai ter um funcionário com menor taxa de reinternação, de infecção, de absenteísmo e, no final das contas, será melhor para o desempenho da organização", aponta a publicitária, especialista e docente em *marketing* na área da saúde.

Tratamentos corretos, eficientes e realizados fundamentados nas melhores práticas assistenciais garantem, enfim, colaboradores mais saudáveis e produtivos, o que se desdobra em benefícios práticos e financeiros para qualquer empresa. Todo gestor é capaz de entender isso. Mas, para conseguir conscientizar o público corporativo acerca do tema, Gilmara recorda que era necessário traduzir as informações sobre impacto positivo da qualidade assistencial de acordo com a lógica do mercado: "Em 2008, nenhum gestor de empresa tinha noção do que eu estava falando, então era sempre uma informação muito nova, tinha de adaptar o discurso. A gente precisou traduzir o ponto de vista assistencial em gráficos — de absenteísmo, de taxa de infecção — para falar a linguagem um pouco mais empresarial".

Uma pesquisa realizada em 2021[1] revelou que os planos de saúde seguem sendo o segundo maior investimento das empre-

1 Disponível em: https://www.saudebusiness.com/operadoras/aumento-de-gastos-com-planos--de-saude-afeta-empresas-e-trabalhadores. Acesso em 27 de janeiro de 2024.

sas em relação a seus funcionários. Diante do aumento dos custos na área, empresas acenam para a necessidade de melhorar a eficiência na utilização de recursos, como se apontou em reportagem realizada pela Folha de S. Paulo[2]: "Diante de custos crescentes para manter o pacote de benefícios, as empresas indicam maior interesse em melhorar a eficácia de seus programas".

Entretanto, a saída sinalizada por empresários reforça a abordagem financeira de curto prazo, focada em redução de custos junto aos planos de saúde e maior repasse de gastos aos funcionários: "Entre as empresas ouvidas pela WTW no Brasil, 16% afirmaram já ter tomado medidas para aumentar a participação dos funcionários no custo e 18% disseram que planejam ações", destacou a reportagem.

A discussão sobre o impacto das práticas assistenciais em relação aos recursos de uma empresa raramente leva em consideração que melhores atendimentos prestados representam colaboradores que terão tratamentos de saúde mais eficientes e com melhores índices de recuperação. A temática da qualidade assistencial, de forma geral, não faz parte da agenda pública e, portanto, faz com que esse não seja um assunto amplamente conhecido ou discutido em outros meios, como o empresarial. Impede-se, assim, que debates mais aprofundados sobre o tema sejam feitos e, inclusive, que os cidadãos tenham consciência do impacto da falta de qualidade assistencial em suas vidas.

"O meu pai faleceu vítima de erro assistencial. Eu nem sabia disso na época, mas assim que eu comecei a ter contato com os primeiros números... quantas pessoas morrem vítima de erro médico? O equivalente a uma queda de um Boeing todos os dias.

2 Disponível em: https://www1.folha.uol.com.br/mercado/2023/08/custo-com-plano-de-saude--sobe-e-pressiona-pacote-de-beneficios-de-empresas.shtml. Acesso em 27 de janeiro de 2024.

Eu nunca tinha pensado especialmente sobre isso e fui me dar conta anos depois de que era uma morte evitável. E é importante entender o que é erro assistencial, que não é fatalidade, é falta de cuidado adequado. A minha história, a história da minha família, poderia ter sido diferente com um cuidado mais adequado", reflete Gilmara.

Errar é humano: um documentário sobre segurança do paciente

O documentário *Errar é humano*[3] narra a história de Sue Sheridan, que viu a história da sua família mudar completamente a partir de dois erros médicos. Seu filho ficou com paralisia cerebral e várias sequelas decorrentes de encefalopatia bilirrubínica aguda, devido a um processo de icterícia incorretamente tratado em seus primeiros dias de vida. Além disso, Sue perdeu seu marido, que tinha 45 anos de idade, por falha no diagnóstico de câncer. "Foi muito difícil entender e acreditar que isso pudesse acontecer em um país desenvolvido como os Estados Unidos".

O filme, de 2019, utiliza dados divulgados pela *National Academy of Medicine*[4] em 2015 para mostrar o impacto dos erros médicos cometidos nos Estados Unidos: "440 mil americanos morrem todos os anos por erros médicos preveníveis. É como se oito aviões Boeing caíssem todos os dias sem nenhum sobrevivente". Naquele momento, mortes por erros assistenciais representavam a terceira maior causa *mortis* do país.

3 Disponível em: https://talltaleproductions.com/to-err. Acesso em 30 de janeiro de 2024.
4 Disponível em: https://nam.edu/. Acesso em 30 de janeiro de 2024.

Diversas áreas do conhecimento, como medicina, administração e contabilidade, produzem estudos científicos sobre os impactos positivos da gestão da qualidade, tanto do ponto de vista da saúde dos pacientes, quanto da utilização dos recursos hospitalares e financeiros. Entretanto, esses mapeamentos ficam restritos ao campo acadêmico e dificilmente tornam-se acessíveis a outros públicos. Soma-se a isso o fato de não termos a divulgação dos dados assistenciais e dos índices de qualidade de hospitais e demais prestadores de serviço.

A área da saúde permanece como a única em que os consumidores não têm clareza sobre os custos relacionados aos serviços que recebem. Sequer sabem, antecipadamente, o valor dos serviços a que vão se submeter. Esse desconhecimento deturpa a percepção de qualidade e cria uma falsa associação entre preço e qualidade, como se serviços mais caros fossem necessariamente melhores. Um estudo publicado pela *America Association of Physicians*[5] aponta que não há, necessariamente, uma relação direta entre custo e qualidade. O levantamento trata-se de uma revisão de literatura de mais de 60 artigos científicos publicados durante 12 anos em bases como PubMed e EMBASA, e indica:

> *"a maioria dos estudos descobriu que a associação entre custo e qualidade é pequena"*[6].

5 Disponível em: https://www.acponline.org/?_gl=1*16x5868*_ga*MTQzODU4MDE5Mi4xNzA3NDk4MDI4*_ga_PM4F5HBGFQ*MTcwNzQ5ODAyOC4xLjEuMTcwNzQ5ODA3MC4xOC4wLjA.&_ga=2.126657229.1944971310.1707498030-1438580192.1707498028. Acesso em 09 de fevereiro de 2024.
6 Disponível em: https://www.acpjournals.org/doi/epdf/10.7326/0003-4819-158-1-201301010-00006. Acesso em 09 de fevereiro de 2024.

A maior consciência dos consumidores na área da saúde passa, na visão de Mara Machado, fundadora do IQG, por três principais aspectos: conscientização sobre os custos e a relação com qualidade; transparência sobre os preços de novas tecnologias adotadas e, o mais importante, definição de uma política nacional clara do que é qualidade no cuidado de saúde. "Apenas com essas mudanças, podemos efetivamente nos tornar consumidores mais conscientes e assumir o controle da nossa saúde", afirma a CEO.

Sem tais transformações, por outro lado, dificilmente a qualidade passará a ser entendida como um pilar fundamental no processo decisório de escolha de prestadores de serviço na área da saúde, seja por empresas, seja por cidadãos. "Quanto mais você tiver dados disponíveis e condições de metrificar os resultados, mais você consegue deixar de ser só empírico, e as instituições podem pautar melhor suas estratégias", destaca Tatsuo Iwata.

O diretor nacional de Pós-Graduação Lato Sensu e Educação Continuada da ESPM (Escola Superior de Propaganda e *Marketing*) ressalta a importância da parceria entre a IQG e a ESPM para promover a discussão sobre Qualidade sustentável em saúde e amplificar sua abrangência, para que se torne mais estratégica e acessível a mais públicos, como empresas e associações. "A complexidade do setor de saúde e suas inovações demandam que haja uma formação também adequada à velocidade de mudanças e demandas que a área da saúde impõe", explica o professor.

A partir da aliança entre iniciativa privada e academia, a ESPM e a IQG aplicaram uma pesquisa com gestores de serviços de saúde de todo o Brasil para a construção de uma métrica de maturidade na gestão da qualidade. O objetivo é disponibilizar os indicadores a fim de oferecer uma visão sistêmica e nacional sobre o conhecimento e a implantação das ferramentas da gestão da qualidade nos serviços de saúde. O diretor acadêmico da instituição ressalta:

> *"Ter um índice nacional, que possa medir e avaliar toda essa questão da qualidade, é fundamental para o processo de profissionalização do setor da saúde como um todo".*

E profissionalizar passa, invariavelmente, por profissionais que tenham um perfil técnico voltado à gestão, preparados para lidar com as complexidades do setor. De acordo com Iwata, cada vez mais será necessário um perfil com dupla formação, que combine conhecimento clínico e administrativo: "A demanda por perfil híbrido certamente vai comandar uma transformação curricular nas faculdades de medicina, de odontologia, e outras profissões da área, porque são pessoas que vão ter de desenvolver um olhar de liderança de equipe, gestão, cultura, desenvolvimento de novos negócios, inovação. Os gestores da saúde passam a ser avaliados por um nível de exigência e de capacitação maior do que os médicos até então conseguiram entregar".

Para além dos profissionais de gestão, a saúde cada vez mais demandará habilidades em tecnologia, além de capacidade para lidar com cenários mais complexos e mutáveis. Entretanto, a educação tradicional dos médicos também não contempla essa formação, diz Jacson Barros: "Acreditem, as universidades de medicina não ensinam tecnologia. E elas não preparam o médico para o caos, não preparam. (...). O que eu sei e posso dizer, como diretor do Hospital das Clínicas e como quem esteve à frente da tecnologia do SUS, é que nem todo mundo está preparado para eventos adversos, para problemas, como foi a pandemia. E, quando você traz tecnologia junto, são duas coisas que têm de conviver, o problema do dia a dia mais uma nova tecnologia. É muito importante conseguir casar isso muito bem".

As inovações propostas pela saúde digital e os avanços dos estudos na área de gestão representam oportunidades de melhoria substancial na qualidade assistencial, mas exigem preparo. "Hoje, temos o que se chama de gestão de mudança e temos ciência para isso. Você não muda de uma hora para outra, por imposições, porque senão você pode ser refém das microssabotagens, das resistências passivas e das dificuldades que as próprias equipes vão ter em conduzir o processo em uma determinada direção. As resistências estão nas zonas de conforto e elas não são explícitas, e esse é o problema. Ninguém vai dizer 'não quero', 'não vou mudar'. Todos vão dizer: 'vamos mudar, vamos profissionalizar a área de saúde, trazer o olhar da inovação, da tecnologia, do paciente, da dimensão humana'. Mas, na hora h, quando você começa a mexer, você vai ouvir: 'ah, mas isso aqui não, isso aqui dá certo, sempre foi assim'", alerta Tatsuo.

O professor destaca a relevância da comunicação corporativa para possibilitar mudanças organizacionais efetivas e descreve o processo que precisa ser cumprido para garantir o sucesso das instituições: "É importante entender a realidade, entender a cultura, mapear o clima, o desenho organizacional, se ele vai passar por mudanças. Que se façam as mudanças, mas que sejam sustentadas por um planejamento. A comunicação é o problema da maioria das organizações, e ela tem de ser feita em diversas dimensões, para diferentes públicos dentro de uma mesma organização”.

A comunicação é um elemento central para garantir que as organizações consigam implementar mudanças favoráveis à melhoria da qualidade. Nesse contexto, é indispensável compreender os aspectos culturais que permeiam cada instituição e como incorporar a gestão de mudança para cada realidade: “Um desenho organizacional precisa levar em consideração a questão da transformação, do quão flexível uma estrutura precisa ser para responder à velocidade de mudança do mercado e do comportamento da sociedade”, conclui Tatsuo.

A cultura do uso massivo dos recursos do sistema de saúde

A questão cultural é um fator chave no consumo dos serviços de saúde. Há uma retroalimentação entre práticas médicas e as demandas dos pacientes. O comportamento de consumo característico do usuário de plano de saúde no Brasil, por exemplo, abrange idas indevidas a prontos-socorros, a escolha autônoma de médicos especialistas — sem ter uma avaliação geral e um direcionamento para isso — e a percepção de que, quanto mais exames realizados, melhor. Já os usuários do SUS são submetidos a uma dinâmica de atendimento com um desenho mais estruturado, mas que, na prática, representa muitas vezes filas e demora para atendimento.

As experiências de consumo de saúde no Brasil refletem a enorme desigualdade social do país e evidenciam a falta de conhecimento da população em relação ao que é qualidade na prestação dos cuidados de saúde. “Meu marido brinca que eu acabei com a ilusão dele de hospital, que ele sempre achou o hospital um lugar seguro. Ele se lembra dos filmes em que as pessoas chegavam e saíam curadas de lá. E aí eu falei: ‘você tem de fugir de hospital, ficar o mínimo tempo possível, porque as taxas de infecção, os riscos...’. As pessoas ainda têm essa ilusão de que hospital só tem o lado bom da coisa, da cura, mas os riscos e toda a insegurança que é um ambiente hospitalar, isso não chega porque não tem transparência”, conta Claudia Collucci.

Para uma camada privilegiada da população, a qualidade se traduz em hotelaria e gentileza no atendimento, por exemplo, que são partes tangíveis para essas pessoas, da prestação de serviço. Para outras parcelas de usuários, que pagam com dificuldade seus planos de saúde ou utilizam somente do SUS, a referência de qualidade associa-se à rapidez, com o fato de simplesmente ser atendido e não esperar em filas. Obviamente, ambas as percepções descortinam um problema estrutural.

É importante apontar que a experiência dos usuários afeta diretamente a percepção de qualidade. Muitas vezes os pacientes são levados a acreditar que tratamentos ineficazes e inseguros são bons, mesmo em um cenário em que haja tratamentos seguros e eficazes à disposição, simplesmente por terem uma experiência positiva com o prestador de serviço.

A associação entre o cuidado oferecido e a qualidade baseia-se em uma combinação de experiências individuais, informações adquiridas muitas vezes sem critérios sérios ou científicos, como explica Mara Machado:

"A confiança dos usuários nos serviços tem se mostrado um elemento importante da qualidade percebida. As percepções de qualidade dos cuidados podem estar inteiramente relacionadas a fatores não clínicos. Por exemplo, as minorias étnicas ou sexuais podem julgar a qualidade dos cuidados apenas a partir da percepção de que o ambiente de cuidados é não discriminatório ou desfavorável".

"Qualidade é o valor como um todo, não é só a qualidade técnica. Não adianta eu ter a melhor internação do mundo para uma cirurgia que não era adequada para aquele paciente, que poderia ter se tratado com sessões de fisioterapia. E qualidade não é um assunto exclusivamente técnico, da medicina, é mais amplo, pois vem da entrega de valor", reforça Sergio Ricardo dos Santos.

Diferentes interlocutores do setor afirmam que o desconhecimento dos usuários sobre a qualidade faz com que o consumo dos serviços de saúde seja avaliado com base em parâmetros inadequados: "Você vai a um médico que te atende bem, simpático, que estende um tapete vermelho, oferece café para você, só que prescreve o remédio errado. Você sai de lá e tem um problema, mas você volta, porque foi tão bem atendido. Aí fala para o seu amigo 'nossa, que médico maravilhoso, a qualidade do atendimento! Eu indico meu médico', só que ele não resolveu o seu problema. Você vai fazer o tratamento e, daqui 30 dias, vai continuar com dor. Aí você vai naquele posto de saúde da cadeira de plástico, a pessoa te atendeu mal pra caramba, em 15 minutos, mas foi certeiro no seu problema e você não teve mais dor. Só que você vai falar mal daquele médico, ou daquele ambiente, ou do tratamento. Qualidade é algo muito difícil e intangível, porque nem todo mundo consegue avaliar o que é", diz Jacson Barros.

O reconhecimento da natureza multifacetada da qualidade dos cuidados é fundamental para que haja maior enfoque nas intervenções que sejam, de fato, prioritárias e reconhecidamente eficientes. Para aumentar o acesso a esses serviços de saúde, necessitamos não só de melhor qualidade técnica, mas também de melhorar a aceitabilidade por parte dos pacientes para que possa haver o cuidado centralizado do paciente durante todo o processo.

Maior conhecimento sobre o assunto gera maior consciência sobre o consumo dos serviços e pode contribuir para a sustentabilidade do setor de saúde e para a melhoria da qualidade como um todo. O futuro das práticas assistenciais, previsto pela saúde 4.0, pressupõe centralizar o cuidado no paciente para promover a coprodução de saúde, e isso só será possível a partir da reeducação dos usuários.

Capítulo 9

Práticas e referências que começam a ditar o futuro da assistência

"Para ter um negócio de sucesso, alguém, algum dia, teve de tomar uma atitude de coragem."

- Peter Drucker

As desigualdades na oferta de serviços, a disparidade regional, os dilemas relacionados às formas de remuneração e os entraves para incorporação de novos tratamentos ao sistema não são desafios exclusivos da saúde no Brasil. Muito pelo contrário. Os entraves ao avanço da qualidade assistencial percorrem diversos países, até mesmo por se tratar de um trabalho em estágios iniciais em todo o mundo, como relata Peter Lachman: "O foco na qualidade está na fase da infância, começou há cerca de 25 anos na saúde. Sempre houve qualidade, as pessoas falavam sobre isso, mas presumia-se que, se você tivesse um médico profissional, isso era bom o suficiente e as coisas simplesmente aconteciam. Ninguém entendia de processos e organização".

O pediatra afirma que não há um país que, por si só, tenha resolvido todos esses entraves em prol do dano zero, mas há exemplos de bons caminhos a serem seguidos. "Quando eu estava analisando os danos dos medicamentos, por exemplo, fui a um hospital na China, em Shenzhen, e tudo estava com código de barras. Absolutamente tudo, algo que eu nunca tinha visto. Foi tão automatizado que eliminaram o erro humano do sistema. Uma iniciativa incrível e muito sofisticada".

Circuito Fechado: Tecnologia para a Segurança do Paciente e Menor Desperdício

Inaugurado em 2012, o Hospital Universitário de Hong-Kong Shenzen é uma instituição pública que, desde seu início, se propôs a implementar uma "experiência avançada em gestão hospitalar e tecnologia médica de padrões internacionais para fornecer serviços de saúde de alta qualidade ao público[1]". Uma de suas inovações relevantes é o uso de tecnologia para automação inteligente em prol da eficiência e precisão na distribuição dos medicamentos.

O hospital possui um sistema inteligente de armazenamento e distribuição de medicamentos que dispõe de máquinas embaladoras de dose unitária. Com isso, é possível embalar individualmente a dose específica que será utilizada em cada administração de medicamento, oferecendo "alta precisão, alta eficiência e baixa contaminação".

"Do ponto de vista da segurança, o sistema minimiza o erro humano no gerenciamento de medicamentos. Com a verificação do *QR code*, podemos garantir que o medicamento certo será administrado ao paciente certo, no momento certo", disse Helen Hu, diretora de farmácia do CUHK Medical Center, destacando que todas as informações do pro-

1 Disponível em: http://www.hku-szh.org/en/AboutUs/Introduction/index.html.

duto podem ser acessadas pelo *QR code*[2]. Esse sistema de "circuito fechado" trouxe melhorias em diversos aspectos. Segundo a empresa desenvolvedora da tecnologia, houve redução de 80% dos erros gerais relacionados à administração de medicamentos, além da diminuição em 87,6% do estoque de medicamentos e suprimentos médicos.

No Brasil, há iniciativas similares sendo aplicadas, como a utilização do PillPick, um robô que gerencia medicamentos e é capaz de empacotar comprimidos e aplicar códigos de barra. A tecnologia, retratada em reportagem da Folha de S. Paulo[3], relata a redução em 80% de erros em aplicação de medicamentos — falhas que, segundo a OMS, representam um gasto mundial de 42 bilhões de dólares por ano[4].

Outro exemplo brasileiro de desenvolvimento de tecnologia em prol da melhoria da qualidade e segurança do paciente é o Robô Laura. Jacson Fressatto, seu criador, desenvolveu a inteligência artificial após vivenciar a perda de sua filha, Laura, por um erro assistencial. O arquiteto de dados diz que, em sua investigação para entender o que havia acontecido, descobriu o impacto que erros sistêmicos podem causar na vida dos pacientes:

> *"Eu precisava encontrar um culpado. E fiquei feliz de poder culpar o sistema e não uma pessoa. As pessoas, os profissionais de saúde, estão fazendo o seu máximo, e também* são vítimas dessa situação."

2 Disponível em: https://en.nubomed.com/about-us/blog/Peking-University-Shenzhen-Hospital?id=1478001064541761538. Acesso em 02 de fevereiro de 2024.
3 Disponível em: https://www1.folha.uol.com.br/mercado/2016/08/1806519-robos-e-codigos-de-barra-ajudam-a-evitar-erros-e-desperdicio-de-remedios.shtml. Acesso em 02 de fevereiro de 2024.
4 Disponível em: https://www.corengo.org.br/seguranca-do-paciente-confira-10-fatos-importantes-segundo-a-oms/. Acesso em 04 de fevereiro de 2024.

Ele recorda os dias de UTI após o nascimento prematuro de Laura e as circunstâncias assistenciais que levaram sua filha ao choque por septicemia: “Das duas enfermeiras que trabalhavam naquela UTI durante a madrugada, uma teve que de ausentar. A enfermeira que ficou sozinha fez o óbvio, cuidar das crianças, e não inseriu as informações relacionadas aos pacientes no sistema. Quando os médicos chegaram de manhã, pegaram uma UTI com cinco crianças, mas não tinham informações de nenhuma delas. Duas começaram a entrar em choque, a Laura e o João. Aí que eles foram atrás de informações e viram que os dois estavam em sepse, mas não sabiam dizer desde que horas — vinte e quatro horas, duas horas, três horas. Como a Laura era muito frágil, ela não suportou”.

Além de Laura, João também faleceu naquele dia. “O João já estava há quatro meses internado, já estava com 1.200 gramas, e tinha passado por todas as crises que uma criança nessa condição passa. Se tem um bebê que não precisava ter morrido aquele dia era o João”, lamenta Jacson. “Naquele momento, não existiam inteligências operacionais que pudesse mitigar erros e danos, que pudessem mitigar a ausência de recursos, absenteísmos. Quando falta um profissional, você tem toda uma cadeia desabastecida”.

A invenção do robô Laura foi fruto de uma perda irreparável, mas que se transmutou em “uma oportunidade de ajudar os profissionais de saúde a identificar com mais rapidez os elementos de risco com sepse”, como explica o também presidente do Instituto Laura Fressatto. A tecnologia surgiu da proposta de “sistematizar a leitura do erro” com o uso de algoritmos: “É um robô, autônomo, que lê as informações e dá alertas baseado no que foi treinado a fazer e ainda compara o treinamento dele com outros 12 milhões de atendimentos já processados", explica Jacson.

Aplicada ao atendimento de mais de dois milhões de usuários, Laura já ajudou a reduzir em 25% a taxa de mortalidade dos hospitais em que foi implantada, salvando 12 vidas, todos os dias[5].

O uso correto e direcionado das tecnologias pode representar grandes avanços em termos de melhoria de acesso e qualidade. Há iniciativas que já utilizam da telemedicina para oferecer rapidez de atendimento, como o *NHS Direct*, do sistema de saúde do Reino Unido. Trata-se de uma linha telefônica que oferece assistência por enfermeiros 24 horas por dia, com o objetivo de sanar dúvidas, fornecer informações qualificadas e orientar o indivíduo.

Outras práticas também se destacam no sentido de promover melhoria da qualidade e otimização de recursos, como os polos especializados e hospitais de referência. A ideia por trás dessas estruturas é centralizar uma determinada especialidade ou tratamento em uma ou algumas unidades de referência, que recebem pacientes de diversas localidades.

Competência pela escala: o Hospital Shouldice e as Cirurgias de Hérnia

No Canadá, o Hospital Shouldice é especializado em cirurgias de hérnia e aplica uma técnica que foi desenvolvida por Edward Earle Shouldice, seu fundador, em 1945. No *site* da instituição[6] destaca-se a taxa de sucesso de 99% das cirurgias, que oferecem rápida recuperação e solução

5 Disponível em: https://institutolaura.org/. Acesso em 03 de fevereiro de 2024.
6 Disponível em: About Shouldice Hernia Clinic | Hernia Repair and Treatment Hospital Canada. Acesso em 03 de fevereiro de 2024.

vitalícia para o problema sem a utilização de telas sintéticas, valendo-se apenas do uso do próprio tecido do paciente. Entre as razões para esse alto índice de sucesso está a escala de atuação: "Os cirurgiões da Shouldice operam, em um ano, mais casos de hérnia do que um cirurgião regular vai operar em toda a sua vida", destaca o vídeo institucional do hospital, descrevendo a realização de sete mil cirurgias de hérnia por ano.

Um estudo realizado pela Universidade Federal de São Paulo (Unifesp)[7] destaca que a taxa de recidiva das mais de 200 mil cirurgias já realizadas em Shouldice é de apenas 1%. Aponta-se ainda uma pesquisa global realizada comparando três diferentes técnicas de operação, com a conclusão de que a técnica desenvolvida e utilizada pelo hospital é considerada o procedimento "padrão-ouro" para a correção de hérnias inguinais.

A área da saúde se favorece em estabelecer padrões e, posteriormente, em sistematizar processos capazes de minimizar eventos adversos. Além disso, a premissa que passa a orientar as práticas no setor, segundo Peter Lacman, ex-CEO da IQSA, é a coprodução da saúde, que parte da centralidade do atendimento no paciente:

> *"Desde que se torna paciente, você perde o poder sobre si mesmo. O que fazemos é colocá-lo em um hospital, dar uma bata e um número, e torná-lo uma doença. Você deixa de ser uma pessoa, e o cuidado centrado no paciente tem a*

7 Disponível em: https://www.scielo.br/j/rcbc/a/DhbgZ9Pt4vqQCMHTw95dPvL/?format=pdf&lang=pt. Acesso em 03 de fevereiro de 2024.

ver com isso. Tudo é o relacionamento entre duas pessoas, o prestador e o receptor dos cuidados, e ambos são indivíduos nesse ponto, e não médicos e doenças".

Como pediatra especialista em pacientes com doenças crônicas, ele aponta a diferença entre enxergar um criança que tem artrite reumatoide e "uma criança que joga futebol, que vai à escola, tem cachorro, e também tem uma doença chamada assim". Pachman observa que os médicos obtiveram bastante sucesso ao atuar dessa maneira, concentrados na doença, mas que "alguém tem de juntar tudo novamente e colocar a pessoa de volta aos cuidados de saúde". Essa premissa vai ao encontro do que se conhece como letramento em saúde — do inglês, *health literacy*.

O termo passou a ser utilizado nos anos 1970, sendo divulgado com mais ênfase a partir dos anos 2000. De acordo com a Organização Mundial da Saúde, literacia em saúde representa "as habilidades cognitivas e sociais que determinam a motivação e a capacidade dos indivíduos de obter acesso para compreender e usar a informação de forma a promover e manter uma boa saúde"[8]. Esse conhecimento favorece que o usuário do sistema ganhe autonomia e empoderamento para tomar decisões mais assertivas junto aos profissionais de saúde, além de evitar erros assistenciais.

No Brasil, faltam estudos que demonstrem o grau de letramento da população em relação ao tema. Mas, a julgar pelos critérios de escolha de um hospital, é possível compreender que ainda temos um longo caminho pela frente, a ponto de um paciente conseguir questionar e dialogar com o médico sobre a sua

8 Disponível em: https://bmcpublichealth.biomedcentral.com/articles/10.1186/1471-2458-12-80/tables/1. Acesso em 03 de fevereiro de 2024.

condição: "'Doutor, isso é mais adequado para mim? Quais são os resultados que gera? O que ganho com isso? Eu vou melhorar? E o que eu vou perder com isso? Qual o risco? Qual é a experiência depois? E em relação ao custo?'. Essa é a conversa completa que qualquer indivíduo deve ser educado para ter, a fim de fazer uma escolha boa", reflete o médico Sergio Ricardo dos Santos.

A área de saúde apresenta, a cada dia, avanços excepcionais e possibilidades cada vez mais contundentes de melhorar a vida das pessoas. Mas, para que toda essa inovação e tecnologia façam mesmo diferença no bem-estar do indivíduo, é imprescindível ter processos e gestão que sejam capazes de incorporar esses avanços, de forma que estejam disponíveis à população. Os cidadãos, por sua vez, precisam estar cada vez mais educados para entender as implicações de tratamentos e procedimentos e ser capazes de discutir com os profissionais de saúde qual melhor caminho a seguir, para que as decisões ocorram de forma conjunta e adequada à sustentabilidade do setor.

CAPÍTULO 10

Mudar para não colapsar

"Não podemos ter medo de falar. Precisamos criar um desconforto dentro do sistema, que aparenta estar tranquilo em meio a toda essa crise."

- Mara Machado

Dignidade. É o que espera Léa Learte e tantos outros pacientes oncológicos do Amapá. Léa vivenciou as consequências de toda a desigualdade e iniquidade do atual sistema de saúde brasileiro. Vítima da falta de qualidade, além do atraso em seu diagnóstico de câncer de mama, sofreu pela ausência de acolhimento e orientação, estruturas hospitalares desastrosas e indisponibilidade de exames e tratamentos a uma distância adequada. Acompanhou de perto vidas serem perdidas, denunciou fraudes em clínicas oncológicas e aprendeu, da forma mais penosa possível, a importância de lutar por saúde em um país em que ela é utilizada como ferramenta política.

A insatisfação gerada pelo descaso com os pacientes é um sintoma da crise que vive a saúde no Brasil. E sair dessa calamidade não só é possível, como urgente. Demanda a participação ativa de todos os envolvidos e deve ter como propósito a prestação de cuidados de qualidade, que possam, de fato, promover melhores condições de vida aos cidadãos.

Enquanto alguns pacientes sofrem para ter qualidade mínima nos serviços de saúde, outros poucos conseguem desfrutar do que há de melhor e mais inovador no mundo. O conhecimento técnico-científico atual se expande rapidamente, com novas soluções médicas e métodos e tecnologias avançados em gestão. Ainda assim, não conseguimos aprimorar de forma consistente a qualidade assistencial e o acesso à saúde.

O atual modelo de oferta, marcado por déficit de profissionais e serviços em determinadas regiões, junto da disponibilidade de recursos de última geração a um número cada vez menor de usuários, mostra-se insustentável. Por isso, não é possível olhar para o futuro a partir das premissas do passado. É preciso não só repensar, mas remodelar efetivamente todo o sistema.

"Podemos argumentar que os hospitais, por mais excelentes que sejam, ainda são construídos com base no modelo antigo. Quando você tem um edifício hospitalar com leitos, você tem de colocar as pessoas nesses leitos, porque é assim que você gera remuneração. Então, seja no setor público, seja no privado, é muito difícil mudar o formato de atendimento. Mas é isso que temos de fazer", atesta Peter Lachman.

No Brasil, a lógica hospitalocêntrica e o sistema de remuneração que não incentiva a qualidade assistencial demandam ação efetiva. "Nós criamos um contexto que destrói e deteriora a qualidade progressivamente. Todo o sistema foi arquitetado para se adaptar ao atual modelo de remuneração", aponta Sergio Ricardo dos Santos.

O consultor critica também outros elos desse ecossistema: "Cada um tem seu interesse e luta para gerar mais eventos e receita. A operadora de saúde quer controlar o custo porque está em crise e, então, limita o acesso. Ela paga por evento, então, quanto menos evento, melhor. Operadora de saúde não luta por prevenção. E aí, que medicina é essa que a gente entrega? Que não luta por prevenção? Que não tem capacidade preditiva de riscos?

O paciente não é o culpado — culpados somos nós que criamos soluções com base no que a gente quer oferecer porque gera mais dinheiro, e não com base no que o paciente precisa".

Atenção primária à saúde

Uma pesquisa realizada pelo Ministério da Saúde e divulgada pelo Saúde Business[1] mostrou que 80% dos casos atendidos em prontos-socorros no Brasil são de baixa urgência ou não urgência, ou seja, poderiam ser realizados fora das emergências. Como consequência dessas idas não indicadas aos prontos-socorros, cresce o tempo de espera e o risco de contaminação por outras doenças para pacientes que apresentam casos sem gravidade.

Esse cenário evidencia a falha sistêmica na oferta de atenção primária à saúde (APS) para a população brasileira, que deveria primar pela "oferta de atendimento abrangente, acessível e baseado na comunidade", segundo as diretrizes da Organização Pan-Americana de saúde (OPAS[2]). A APS se apresenta como uma solução mais

1 Disponível em: https://www.saudebusiness.com/mercado/cerca-de-80-dos-casos-que-chegam--aos-prontos-socorros-nao-necessitam-ser-atendidos-em-um. Acesso em 06 de fevereiro de 2024.
2 Disponível em: https://www.paho.org/pt/topicos/atencao-primaria-saude. Acesso em 06 de fevereiro de 2024.

adequada, tanto em termos de custo-benefício quanto de segurança dos pacientes.

Segundo o mesmo relatório da OPAS, "a atenção primária de qualidade reduz os gastos totais em saúde e melhora a eficiência, por exemplo, reduzindo as internações hospitalares".

A falta de priorização dada à APS, no setor suplementar, tem motivos claros: "Você tem um incentivo relativamente baixo para se fazer a atenção primária dos pacientes porque, mais ou menos a cada dois anos, essa população muda de plano", aponta Tereza Gutierrez, sócia do escritório de advocacia Machado Nunes. Ou seja, as operadoras não investem no assunto por entenderem que seus usuários não farão mais parte de sua rede de beneficiários dentro desse prazo.

A despriorização da atenção básica à saúde e a grande taxa de idas indevidas a prontos-socorros evidenciam uma faceta cruel do atual sistema de saúde brasileiro: "Um modelo que não investe em prevenção e promoção de saúde é um modelo que está o tempo inteiro só apagando incêndio", define a jornalista Claudia Collucci. "Estamos vendo a crise em que está o setor e todo um efeito cascata. Por um lado, a população está envelhecendo, mais adoecida, com os fatores de risco em alta, como obesidade, diabetes e hipertensão. Por outro, o SUS tem verbas cada vez mais restritas para lidar com essa situação".

Há um cenário de aumento de custos, decorrente do envelhecimento pouco saudável da população e da incorporação de novos medicamentos e tecnologias, e de cada vez menos recursos disponíveis para financiar a crescente demanda por soluções em saúde.

Claudia corrobora que trata-se de uma crise que se desdobra para além do SUS, colocando também em xeque a saúde suplementar: "A gente chegou a esse patamar dos 25% da população com plano de saúde e não consegue sair disso. E mesmo o percentual da população que consegue manter os convênios está reduzindo o valor, fazendo *downgrade*, porque não pode bancar os valores".

Está cada vez mais difícil pagar por um plano de saúde, ao mesmo tempo em que as operadoras apontam prejuízos e dificuldades de sobrevivência, e os prestadores de serviço indicam atrasos e demora em receber pagamentos. "Não está bom para ninguém", sentencia George Schaim.

Saúde suplementar: decadência e insatisfação

Com uma cobertura que atende 25% da população — aproximadamente 51 milhões de brasileiros[3] — , a saúde suplementar é oferecida a seus usuários, majoritariamente, por meio dos planos de saúde empresariais. A Agência Nacional de Saúde (ANS) regula a oferta de serviços e, entre outras questões, os aumentos de preço que podem ser cobrados de seus usuários. Alguns fatores estão em jogo:

- Insatisfação dos consumidores: o Índice Geral de Reclamações, ferramenta que mede a insatisfação dos usuários em relação a seus planos de saúde, aponta que as queixas dobraram em cinco anos. A insatisfação mais recorrente é relacionada à restrição de acesso, seja por negação de atendimento, seja por diminuição de rede credenciada[4].

3 Disponível em: https://estudio.folha.uol.com.br/abramge/2023/12/os-desafios-e-oportunidades-para-a-saude-suplementar.shtml . Acesso em 07 de fevereiro de 2024.

4 Disponível em: https://noticias.uol.com.br/saude/ultimas-noticias/redacao/2023/05/22/planos-de-saude-ranking-ans-reclamacoes-aumentam.htm . Acesso em 08 de fevereiro de 2024.

- Operadoras em prejuízo: as operadoras apontaram, em 2022, um prejuízo de 10,7 bilhões de reais, o maior patamar da história. Além disso, desde 1999 houve redução considerável no número de operadoras de saúde disponíveis, de 1.390 para 677, resultado de ações judiciais e suspensões realizadas pela ANS[5].

- Atraso dos pagamentos de prestadores de serviço: segundo levantamento da Anahp, realizado em 2023, a rede de hospitais representada pela instituição contava com um valor de 2,3 bilhões de reais a receber das operadoras de saúde. Os motivos apontados são atraso no faturamento e questionamentos realizados pelas operadoras em relação aos valores apresentados (as chamadas glosas)[6].

O cenário que enfrentamos hoje traz discussões relevantes e que vão para além do financiamento. Em 2015, a perspectiva da abertura do mercado brasileiro para o capital estrangeiro fez com que muitos acreditassem que os problemas estariam resolvidos:

> *"Havia uma expectativa enorme para a entrada dos grupos internacionais. Mas o Brasil não é para profissionais nem para amadores. Na prática, o que nós tivemos? Algumas consolidações, mas não houve mudança de cultura",*

aponta Renato Nunes, sócio do escritório Nunes e Machado, ao falar sobre as fusões e aquisições que ocorreram no setor da saúde a partir da mudança de legislação em 2019[7].

5 Disponível em: https://noticias.uol.com.br/saude/ultimas-noticias/redacao/2023/12/12/planos-de-saude-operadoras-convenio-crise-processos-reclamacoes-prejuizo.htm. Acesso em 08 de fevereiro de 2024.
6 Disponível em: https://www1.folha.uol.com.br/mercado/2023/09/hospitais-registram-atraso-bilionario-de-pagamento-por-planos-de-saude.shtml. Acesso em 08 de fevereiro de 2024.
7 Lei n.º 13.097/15 Disponível em: https://www.jusbrasil.com.br/artigos/a-abertura-do-setor-de-

O aporte de investimento estrangeiro não se concretizou como uma saída para a crise que já se apontava no setor suplementar, e aconteceu sem que houvesse qualquer revisão no modelo de prestação de serviço e sem contemplar a discussão de melhoria assistencial.

Não existam respostas fáceis, mas é preciso coragem para fazer as perguntas difíceis. Para apontar as falhas do sistema e seus prejuízos, que sobrepõem os impactos financeiros. Para ter um olhar crítico e visão sistêmica de maneira a lançar luz sobre o problema e identificar possíveis saídas e agentes de mudança. Mara Machado reflete:

> *"Às vezes, as pessoas me perguntam: você acredita que vai resolver o sistema? Não tenho essa pretensão, mas não podemos ter medo de falar. Precisamos criar um desconforto dentro do sistema, que aparenta estar tranquilo em meio a toda essa crise. Acho que estamos vivendo um momento propício para essa discussão".*

Quem será capaz, então, de mudar o sistema? Por se tratar de um cenário crítico e complexo, tampouco há um consenso ou mesmo uma solução clara. A unanimidade fica por conta da constatação da necessidade de mudança. "A sustentabilidade do setor da saúde é uma discussão mundial, eu não vejo nada mais urgente do que isso", diz Claudia Collucci. A jornalista aponta para a corresponsabilização: "Acordos de compartilhamento de risco com a indústria, seja a farmacêutica, seja a de equipamentos médicos, isso tem de ser dividido". Nesses acordos, caso o medicamento ou a tecnologia não apresente a eficácia apontada pelo fornecedor, por exemplo, os custos seriam compartilhados entre hospital e indústria[8].

-saude-ao-capital-estrangeiro/209640394. Acesso em 07 de fevereiro de 2024.

8 Disponível em: Remuneração de Fármacos baseada em resultados terapêuticos | saudebusiness.com. Acesso em 09 de fevereiro de 2024.

A atuação em sinergia com a indústria é apontada como uma via importante de mudança em prol da sustentabilidade do sistema e da melhoria de qualidade assistencial: "Algumas empresas não querem mais vender seus remédios por vender, elas descobriram que ou agregam valor a esse processo, ou não vão ter mais como existir nesse mercado. Vemos a indústria querendo trabalhar educação, melhorias, concluindo que é melhor vender menos, mas com perenidade e pertinência", observa a CEO do IQG.

Para Sergio Ricardo, não haverá uma transformação real em torno da qualidade enquanto todos os *players* não mudarem a forma como atuam, voltando seus processos para a entrega de saúde ao paciente. "Não se trata de entregar mais beneficiados para a operadora, ou menos eventos para que ela tenha de pagar, nada disso. Na hora que estiver todo o mundo alinhado para criar valor para o paciente, aí a conversa muda e a gente reestabelece um equilíbrio no setor, com base no que as pessoas querem da saúde".

O colapso atualmente em curso na saúde tem natureza multifatorial, como vimos até aqui, e não perdoa ninguém: usuários, operadoras de saúde e prestadores de serviço. Reverter essa rota passa por repensar a lógica estritamente financeira e aliar a melhor utilização de recursos, tecnologias e evidências científicas em prol da saúde da população. E a gestão da qualidade se consolida como uma ferramenta indispensável para esse futuro.

Dignidade. Nunca foi tão fácil resumir qualidade e os frutos da gestão dela.

POSFÁCIO

Ao apreciar os relatos de companheiros que estiveram nesses trinta anos militando pela qualidade da saúde no Brasil, atrevo-me a alinhar as narrativas e constatar uma realidade inquietante, mas que precisa ser reconhecida e exposta: a nossa incapacidade de corrigir as coisas, apesar dos enormes investimentos nos cuidados de saúde.

Esse fato não anula as lições tiradas dos relatos inspiradores deste livro:

- A mudança não pode ser opcional.

- Política e liderança são importantes. A melhoria do desempenho é um negócio sério, que exige um compromisso firme e uma recusa em tolerar falhas persistentes.

- Política sem ferramentas é ineficaz; ferramentas sem política são altamente limitadas.

- Integrar todos os elos do ecossistema e envolvê-los na definição de metas e na melhoria do desempenho são essenciais para o sucesso.

- A promoção de uma cultura de cooperação e participação requer estratégia, recursos e um quadro político específico.

No Brasil, existem várias culturas concorrentes em jogo: doença *versus* saúde; atenção primária *versus* cuidados curativos; foco no paciente *versus* foco na população. E a criação de uma abordagem unificada para a melhoria do sistema não acontecerá naturalmente.

Saúde não é um fenômeno independente de outros fatores, com fronteiras claras. São necessárias propostas que provoquem mudanças reais nos indivíduos, nos governos e na sociedade para que se consiga uma situação em que ao menos as condições mínimas necessárias para uma sobrevivência com dignidade sejam asseguradas à população.

Eu espero que este livro contribua para fomentar uma nova forma de pensar e de agir, cuja principal preocupação seja o desenvolvimento do ser humano em um mundo saudável.

QUALITYMARK

Entre em sintonia com o conhecimento.

Qualitymark Editora Ltda.

(21) 98198-9089

(21) 98198-9843

sac@qualitymark.com.br

DADOS TÉCNICOS

Formato:	15,8 x 23 cm
Mancha:	12,3 x 19 cm
Fonte:	Century Schoolbook Regular
Corpo:	12
Entrelinhas	18
Total de Páginas:	112
1ª Edição	2024